U0641761

林清玄
作品

Lin Qingxuan Works

形影之间观世事

比景泰蓝更蓝

北京联合出版公司
Beijing United Publishing Co.,Ltd.

目录

目录

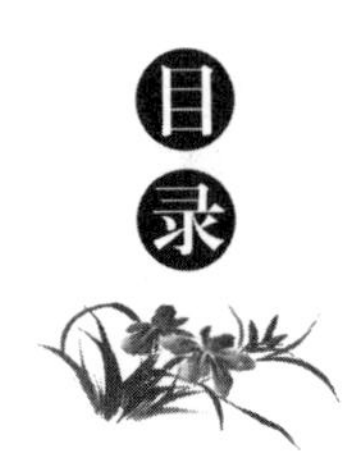

目录

目录

自序
蓝之又蓝

夏天的时候，我返乡居住。由于我的故乡离作家钟理和的纪念馆不远，于是我约了兄嫂，带上孩子一起去钟理和纪念馆瞻仰。车子开到半路，正穿过美浓乡间秀美的田园时，突然雷声大作，一阵气势汹汹的西北雨漫天泼了下来。然后我们经过双溪，转入笠山，到了纪念馆，发现里面空无一人，虽然大门开着。

我们在馆内看了钟理和的遗稿，以及他的照片、铜像和陶像。我站在纪念馆二楼的阳台上，看着连绵的雨，想着这非常热带的林木之中，是如何诞生一个令人钦仰的作家的呢?

当我们回到一楼的入口时，我看到纪念馆在出售钟理和的遗作、美浓的风景明信片，这些收入将作为纪念馆的基金。我对大哥说："我想买一些书和明信片送给朋友。"可是纪念馆中空无一人，我绕馆一圈，呼喝道："有人在吗?"

无人回应。

我看到大门旁边贴了一张纸条：本馆因人手不足，只有星期六和例行假日开放，平日若要参观，请顺着馆前左侧的小路向前走一百公尺，找钟铁民。

我指给哥哥看，他说："那我们去找钟铁民。"

"这样不好意思吧？"我担心突然造访会惊扰铁民先生。

哥哥说，他和钟铁民都在美浓的中学教书，算是旧识，钟铁民又是我大姊的孩子的国文老师，因此突然来访应该不会惊扰他。哥哥还消遣我："你已经染上台北人的坏习惯了，看朋友还要先约好时间吗？"

我们沿小路前行一百公尺，一路上林木苍盛，两边种了许多瓜果和蔬菜。我们一直走到一座门口有一棵龙眼树的三合院前，那龙眼树果实累累，我们在门口高喊：

"有人在吗？"

"铁民兄在吗？"

我们喊了许久，无人回应。

我们只好沿着原来的小路走回纪念馆，听到远处传来"吧啦不鲁"喇叭声，原来是卖土制冰激凌的小贩到纪念馆来卖冰激凌。

“三十块。”他说。

我买了几个冰激凌给孩子们，我自己也吃了一个。这种“吧啦不鲁”冰激凌又软又绵，是我儿时最向往的东西，唯一不同的是小贩当年的三轮车换成摩托车了。

“外地来的吗？”小贩边挖冰激凌边用带客家腔的国语问。

我们尚未搭腔，他又说：“可怜哦！这是我们美浓的一个作家哩，听说是饿死、病死的，写字赚食实在是太艰苦了。”

“嘿，我还听说，”那小贩语气较为神秘地说，“这个作家临死之前传下家训，子子孙孙不得以写作为业呢！”

小贩卖了冰激凌，见纪念馆里没有其他顾客，便跨上摩托车，回头对我们说：“我先失礼！我卖冰，有卖就有赚，写字的，写了不一定有赚，这个你懂吗？”

哈！摩托车开走了。

“我懂！我懂！我懂！”我点头如捣蒜，孩子们都笑起来。

那小贩做梦也想不到，他是在教训一个写字的人。我在心里想，像钟理和先生一样的悲剧，但愿此后不会再发生。

看到卖冰激凌的小贩的影子消失在槟榔林里，我觉得写作的人也没有什么不同，也是在暑热焦渴的生命中贩卖心灵的冰激凌，只不过没有沿街叫卖罢了。

回到台北以后，我接到邱鸿翔兄的电话，他谈到“台湾笔会”和“钟理和文教基金会”正在办“杨达、钟理和回顾展”，希望能再一次向杨达、钟理和等前辈作家致敬，从而唤起大家对文学的重视，并期盼尽快在杨达奉献了半生的东海花园建一座“杨达纪念馆”。

这个构想很令人安慰，说明了写字的人虽然寂寞，也有很不寂寞的地方。

鸿翔兄把计划寄给我看，我对其中的几句话玩味再三，心中感慨。

这几句话是：“盖一座文学纪念馆，定一个文学纪念日，为一条街道取一个文学性的名字……花费并不多，但是可以让更多的台湾人浸淫于人文国度里，活得有气质、有美感。”

是呀，别让卖冰的看扁了！

每一个作家都有不为人知的寂寞的一面——或者在热闹的街头踽踽独行，或者在静谧的山林思潮翻腾，或者坐在小小的书桌前写下一道一道生活的刻痕——都是要独力品尝生命的苦汁和乐水的。

写作既然是一个寂寞的事业，为什么还要写呢?

我想，写作是来自一种不得不然，是内在的触动和燃烧。这就好像一朵花要开放，那是不得不然；一只鸟要唱歌，也是不得不然；一条河流要流出山谷，也是不得不然呀!

我总是相信，在每个人的心中都有一处“清泉之乡”，有的人终其一生不能开发，因而无法畅饮甘泉，写作的人则是溯河而上，不断去发现自己的清泉，并且翻山越岭，把那泉水担到市街上与人共尝。

寻找泉水并挑担到市街上的过程，是非常寂寞的，可是在市井中如果遇到知音，也有不寂寞的时刻，就像两朵云在天空相遇而变成了一朵云。

陌生的人为什么能相知相惜呢?为什么通过文字能超越时空、超越阻隔呢?

因为在最终极之处，有一种蓝比景泰蓝更蓝，有一种香比夜来香更香，使我们深信，每一个字、每一个思想都将在人间留下影响，也使我们无所怨憎、无所退悔地去实践并完成我们对生命的识见。

文学家岂是为了纪念馆、纪念日，或是一条街道而写作的呢?把公园、街道、学校、纪念馆用自己的名字来命名，是那些缺乏自信的政客的标帜，哪里是文学家的追求呢?

文学家是为世间的有情心灵而写作的，是为自己的生命之泉而写作的，是为触及更蓝的境界而写作的。

此书有许多篇章谈到文化、教育、社会和政治，因为作为一个文学家，作为一个知识分子，不能独存于世间，对于现实事务的关怀，正是使社会走向更圆满之境的手段。何况，当我们说关怀众生、解救众生的时候，如果众生处在不公平、不公义的社会中，将不能得到解救；如果众生活在没有文化、没有品质的社会中，将无法得到提升与安顿。

这些年来，我写了许多现实而入世的文章，都是来自一个深切的认知——人心需要觉醒、社会需要改革，两者都是非常重要的，就好像两千多年前，释迦牟尼佛讲出“众生平等”的教法，不只是在阐明佛性的平等，也是在打破封闭的阶级制度，重建社会的公平。

当我在写这些文章的时候，时而感到寂寞，如同开在深山溪谷中的百合，独自维持灵醒的白，但也有不寂寞的时候，有如群树站立在晴空丽日之下，体会拂过的微风，看见了远天的彩虹。

不论寂寞或不寂寞，让我们维持着比景泰蓝更蓝的心吧！不要失去关怀的能力，不要让爱的泉源枯竭，不要断绝了更清明的希望。

让我们湛而又湛、蓝之又蓝，即使生活在浊恶的世间，也永不失去自清与无染的立志。

林清玄

台北永吉路客寓

卷一 形影之间

泣露千般草

吟风一样松

此时迷径处

形问影何从

——寒山子

形与影之间

由于夕阳的关系，大屯山的山影整个投射在马路上。那影子的线条十分优美，但是影子到底不是真实的山，正如所有对文学没落的思维、研究、检讨，都不如努力去创作。

与朋友去登大屯山。

秋气景明，我们沿着两旁种满箭竹的石板阶梯缓步攀高，偶尔停下来俯望红尘万丈的城市，以及在山间流动着的雾气，时有不知名的鸟，如箭凌空而过，留下清越的叫声。

不知道为什么，我们谈起了“文学死亡”的问题，大概是因为《蓝星》诗刊的停刊吧。

《蓝星》是仅存的一本大型诗刊，它的停刊等于正式为诗刊画下了休止符。

近年来出版的文学书籍普遍滞销，使得出版文学书籍的出版社多处于半停滞的状态，有勇气出版文学书籍的出版社往往要面临库存与赔本的命运。

近几年来，似乎也没有特别引人注目的文学作品，从前一有好的创作就奔走相告、洛阳纸贵的情景，仿佛只能在梦中追忆了。

朋友说文学没落，或者说文学濒临死亡的原因，是读者与市场不支持。文学投入市场一再地遭到挫败，使出版者望而却步，不敢在文学作品上投资。作家由于得不到响应，创作上意兴阑珊，甚至一些有才情的作家转业从商，做房地产和炒股票。更年轻的创作者把这些看在眼里，不敢再走文学的道路。长远下来，文学自然没落了。

“最重要的原因还在于现代人不读书，没有市场。”朋友说。

这时，我们正好登上了大屯山的最高点。

听说这是台北盆地的第三高峰，视野果然开阔，可以一直看到北面的海边，环顾四面，整个台北就展现在眼前了。听说每年到冬天，我们站立的大屯山高点都会下雪，那时站在雪封的高顶，城市之繁美、灯火之亮灿就更动人心魄了。

我对朋友说，文学之没落与市场的关系微乎其微。在古代，中国的文学并没有什么市场，文学家还不是写出了无数感人的伟大作品吗？以我正在读的寒山子的诗为例，寒山子“每得一篇一句，辄题于树间石上”，一共写了六百多首诗，现存的就有三百一十二首。

在树上、石头上都可以写诗，哪来什么市场问题呢？寒山子有一首诗可以表达他的创作心灵——

一住寒山万事休，
更无杂念挂心头。
闲于石壁题诗句，
任运还同不系舟。

可见，一个文学家从事创作乃是基于心灵的渴望与表达，有市场时固然可以刺激作品产生，但即使没有市场，也应该一样能写出好的作品。如果一个文学作家必须仰赖市场而创作，则表示他的创作心灵尚未到达成熟之境。

因此，读者不应该为文学的没落承担任何责任。说现代人不读书也不公平，以近几年为例，台北就出现了许多家面积超过四百坪[①]的大型书店，可见读书人口是在增加的。许多读书人宁可去读对心灵没有助益的东西，而不愿读文学书，光是这一点就值得文学家深思了。

市场对文学无绝对影响，读书人的人口也在增加，文学却奄奄一息。

我对朋友说："我们写作的人应该反省。我每读报上或周刊上介绍的好书，都觉得比读唐宋时期的作品还难懂，文字艰涩、思想僵化、创作浮夸，作者呢，写作态度浅薄，名利心跃然于纸上，文学没落实在是有道理呀！"

反过来说，要使文学重活于世间，我们必须写一些文字优美、思想开阔、创作深刻、写作态度诚恳、不为名利的作品，这才是拯救文学之道，至于稿费、市场、文学家的尊重都是次要的了。

从大屯山主峰下来，夕阳已经快西下了，满山的绿草蒙着金光，洁白的菅芒草含苞饱满，等待着秋天吐蕊盛放。它们永远都是那样盛放，不会因为有人看就开得更美，也不会因为没人看就随便一开，不

① 坪：土地或房屋面积单位，1 坪约合 3.3 平方米。

会先有意识形态再开，不会结党营私，也不会故意要开成后现代主义的样子。甚至呀甚至，它们不会故意开出别人不能欣赏的样子，以证明自己的纯白。

由于夕阳的关系，大屯山的山影整个投射在马路上。那影子的线条十分优美，可以使人想象到那座山的伟岸。但是影子到底不是真实的山，正如所有对文学没落的思维、研究、检讨，都不如努力去创作。所有的形式、主义、意识形态、同人情结都只是路上的影子，不是真正的大山。

我们的车子沿路下山，穿过台北县和台北市的界碑。我想，文学家应该突破疆界，以更大的包容与自由来努力写作！

要使自己成为大山，不只是路上的影子。

不要失去桃花源

即使我们都忘了，在某一个不可知的角落，一些鲜明的记忆也会如凌空的云，偶尔飘来我们的窗口。不管时空如何转变，只要不失去心里的桃花源，我们就能在黑暗中潇洒前进。

在西门町走来走去，要寻找汉口街，却迷路了。

已经有很多年没有到西门町了，对这棋盘一样罗列着的区域，竟感到非常之陌生，甚至连东西南北也分不清。从前，由于跑社会新闻的关系，几乎日日都在西门町内奔波，对町内的区域和巷道非常熟悉，怎么才几年，连汉口街都找不到了呢？

时空变异，是西门町改变了？或者是我的记忆改变了？由此，我们可以体会到，经过时间与空间，我们忘记一个人、一个地方是非常有可能的；即使我们都能不忘，再相逢也可能两鬓飞霜了；但即使我们都忘了，在某一个不可知的角落，一些鲜明的记忆也会如凌空的云，偶尔飘来我们的窗口。

在西门町里想这些，转来转去，幸好记忆尚未太远，终于找到汉口街了。我是为了看赖声川导演的第一部电影《暗恋桃花源》而到汉口街的，如果不是《暗恋桃花源》的吸引力，可能再过五年、十年，我也不会来西门町。

我去看《暗恋桃花源》这部电影，有好几个强烈的理由。

一是几年前在剧场看《暗恋桃花源》的舞台剧，曾经给我带来极深刻的感动。在台北这样的城市，能感动人的事物实在太少了，有时要刻意去寻找感动，来证明自己的心情依然健在。

二是赖声川是我很佩服的导演，他在舞台剧上的创意与努力，对台湾文化的发展极有影响。他对戏剧舞台的贡献是毋庸置疑的。但是，戏剧究竟不是电影，成功的舞台剧导演投入电影工作是一项冒险，这种挑战不只是来自市场，也是来自电影制作的更复杂、更特殊的状况。

三是《暗恋桃花源》中有几位我所熟知的、非常优秀的演员，像李立群、顾宝明、丁乃筝、金士杰，可以说是演员中里子最硬的。还有林青霞——我来看看林青霞怎么接受真正的演戏的考验，把剧中人物从二十岁演到六十岁。

四是因为陶渊明吧。

我坐下来看了十分钟，心里就放心了。赖声川的电影技法非常纯熟，不逊于他的舞台剧。而且他非常注意戏的质量，节奏、音乐、灯光、摄影都很讲究，可以说是台湾少见的讲究质量的电影。最特殊的是，这大概是几十年来台湾第一部没有打字幕的电影，原因是，导演认为打字幕会破坏画面的完整性，而且字幕是以重叠的方式放映的，会影响到影像的质量，由此可知赖声川对电影的讲究。

赖声川的舞台剧的特色，是好几个层次的时空交叠进行，再加上集体的即兴创作，时常有出乎意料的创意泉涌。他的电影也完全保留了这项特色，并且在运镜与思考上更自由，比舞台剧有更深切撼人的效果。

演员更不必说了，个个都好得没话说。近年台湾电影被港片打得很惨，但是港片其实很少有好演员，在这一点上，我为台湾演员感到欣慰，因为从长远来看，香港要拍出什么有人文性的电影比我们更艰难。

《暗恋桃花源》是近几年很少看到的好电影，兼具人文性和娱乐效果。再之前，有李安的《推手》、杨德昌的《牯岭街少年杀人事件》、侯孝贤的《悲情城市》，好电影虽然寥寥可数，不过一想到这些有创意的电影，心中不免一振。不管台湾电影处在多么暗淡的时期，我都相信电影的桃花源不会失去，就像少年时代读的陶渊明的《桃花源记》，每每在最灰暗的日子，总是能抚慰我，只需把开头“晋太元中，武陵人，捕鱼为业”改成“一九九二年，台北人，写作为业”。

从戏院出来，发现天空正下着大雨，街头一片水泽，关于整个西门町的午后记忆突然在我的心中映现。不管时空如何转变，只要不失去心里的桃花源，我们就能身着白衣，在黑暗中潇洒前进。我想起电影里的一首歌的歌词：

有些事不是你说忘就忘

有些事不是你说算就算

有些人不是你说盼就盼

有些话不是你说完就完

时代已经变成这样

广告原来是要在人群里拥挤碰撞的，而真实的人生，需要的是更流畅的空间，需要更深入本质，在本质上大口呼吸，有生命的想象空间。

忠孝东路像得了慢性病一样堵车，使我们坐的出租车陷在车阵里动弹不得，幸好我们正跟在一部广告车后面，广告车以超大的荧光幕播放着正在上档的新片，在夜暗之中，影像的品质出奇好，我喃喃地说："没想到时代已经变成这样。"

与我同年代的出租车司机立刻应声说："是呀！我们小时候如果有人告诉我们，一部车子整个都是银幕，边走边放电影，我们说什么也不能相信；如果说有人住在十几层高楼，我们也不能相信；如果说可以带电话满街跑，也没有人会相信；如果说把写满字的纸塞进一个机器，美国的朋友立刻可以收到写着同样的字的纸，谁会相信呢？……"

有人说台北的出租车司机都是演说家，我担心又碰到一位了，因为有时候遇到喜欢演说的出租车司机还真叫人头痛，真的。如果二十年前有人告诉我们台北的出租车司机都喜欢演说，喜欢谈社会、政治、房地产和股票，谁会相信呢？现在不用别人告诉，我们早就确信了。

“爸爸，那你们小时候演电影，是怎么做广告的？”小学四年级的儿子打断司机的演说，开口问我道。

在很久很久以前，（好奇怪，为什么有趣的故事都发生在很久很久以前呢？）社会上是没有广告的。

那时候在我的家乡有两家戏院，每次有电影上演，就会有一个脸上涂满油漆的人，身上挂满广告牌，敲锣游街。小孩子就会跑出来围着他、跟着他，就如同节庆一样，然后他会用扩音喇叭朗诵诗歌似的背诵着新上档的电影的精彩内容。

我到现在还记得那个人每次开头总是说：“人多话就多，三色人讲五色话，也有人说爱吃苦瓜，也有人说爱吃西瓜，也有人说爱看查某婴仔摇屁股花。今呀日，我们来看这出好看的电影……”

后来，行走敲锣的人变成了广播车，扩音喇叭又加了扩音器，从早到晚在城乡之间梭巡。这种广播车到处梭巡，放出特大号噪声的情景，除了电影新上档的时候之外，要在选举时才会出现。因此，一直到现在，每次选举的车在街上一跑，都给我要演新档电影的错觉，总使我感觉政治人物渴望上舞台，正如演员等着粉墨登场一样。

电影的广告日新月异，可惜电影却没落了。故乡的几家戏院苦苦撑持了一段时间，并且偶尔加演牛肉场和脱衣舞，但还是被群众遗弃了。

打从读高中那年开始，要看电影必须坐一个多小时的车到高雄去。每次去看电影，我都觉得心中一片温暖，生命的想象空间仿佛也变大了。对于生长在保守的乡间的少年，生命的想象空间何其重要，因为世界也随之广阔了。

电影的广告，是我在人间最早接触到的广告。那么质朴有生命力的广告，使我觉得一切广告乃是本质的延伸，如果没有本质，根本就不值得做广告了。

但是，时代已经变成这样，广告凌驾于本质之上了，一份报纸的广告比新闻多得多，一份杂志撕掉了广告页，就薄得像传单。

时代已经变成这样，商店的招牌比店面还大，一份十元的报纸有一亿六千万元的赠奖。

时代已经变成这样，背着一大堆债务的人，却使用黄金印制的名片，穿三宅一生[①]设计的服装，开法拉利的跑车。

时代已经变成这样，商人想做政客，政客在当演员，演员向往权势。

时代已经变成这样，有一种汽车广告说——一个人下午三点半还在台北市区，下午四点要搭飞机去马来西亚，只要坐那种汽车就来得及。

时代已经变成这样，有一个房屋广告说它的房屋在 SOGO 生活圈，而地图标示的工地却是在内湖大直交界的荒山郊野。

时代已经变成这样，不会唱歌的偶像被包装成很会唱歌的样子；只会吹牛的影星被包装成不世出的才子；作家把裸照登在书的封面上，强调自己不仅会写字，还是一个英俊或美艳的人。

时代已经变成这样了呀！真实的本质还会有人认识和在乎吗？除了表面功夫，谁愿意给我们最好的醍醐呢？

车行到了基隆路，道路突然通畅了。电影广告车突然回转，又挤进塞车阵里去了，我们的车加速通过了。广告原来是要在人群里拥挤碰撞的，而真实的人生，需要的是更流畅的空间，需要更深入本质，在本质上大口呼吸，有生命的想象空间。

① 三宅一生：日本著名服装设计师。

梦的台北

有些东西是可拆的，有些东西是拆不掉的；有些东西会流失，有些东西会永存；有些人会变质，有些质会长青。有些梦，唉，实现了不一定比宝藏着好！

三十前，我第一次到台北，在台北读大学的堂兄带我到中华路、西门町一带去玩。当公交车开到中华路的时候，我被台北的灯火辉煌、马路的开阔震慑了。对比着入夜即漆黑一片的家乡，台北给我的感觉就像梦一样，有点像童话世界，一点也不真实。

然后，我们一起去逛中华商场。当时，中华商场盖了才一年，房舍整齐干净，游人如织，电器、服装、古董、艺品、小吃等商店里满是人，物品堆积得满坑满谷。对比着贫穷的南部乡下，我很难想象台北是如此富裕，而且也是在中华商场，我第一次看见电视机。

逛完中华商场，堂兄带我到“真北平”去吃烤鸭。堂兄那时兼职做家教，生活很不错的样子，吃饭的时候他告诉我，在台北谋生机会比较多，大学毕业后他将留在台北。说这些话的时候，他的眼神里有着希望的光芒。那也是我这一辈子第一次吃到北平的烤鸭。

吃过饭，我们散步到中华路和宝庆路的圆环去。我们坐在圆环里，看南来北往的火车在这个繁忙的都市里穿梭来去，抬起头来，中华商场的顶楼上，许多巨型的霓虹灯闪烁着，在夜空中明亮而华美。我看着当时令我十分崇拜的堂兄说："七哥，我长大也要来住台北。"说这句话的时候，我到台北还不到五小时，没到过台北的其他地方，可见中华商场给我的冲击之大了。堂兄摸摸我的头说："好呀！等你上台北的时候，说不定可以住在我家呢！"

说完这话的十年后，我到台北读书，七哥已经在家乡病逝了。七哥服完兵役后并没有如愿到台北来，因为当时故乡的中学有一个教师的空缺，他被召唤回乡去教书了。他教书的时候，我正在台南读中学，每次看到他都觉得他不快乐。结果，他不到四十岁就过世了。我每次走到中华商场，想到饱学的堂兄那未竟的台北之梦，都感到微微的心酸。

七哥抑郁死在乡下，这件事使我在退伍的第二天就到台北来了，不是因为台北有更好的谋生机会，而是因为我已经比较真实地认识到台北不只有中华商场，认识到如果要从事人文的工作，台北是比乡下更合适的地方。

读书时代，我时常和朋友去逛中华商场；每有乡下的亲戚朋友来，我也会带他们去走中华商场，仿佛回到了我九岁那一年。我认识台北，就是从中华商场的霓虹灯开始的。

在台湾《中国时报》工作的时候，离中华商场更近了。我有一个知心的朋友在台湾《新生报》上班，几乎每天晚上，我都会从万华赶公交车到延平南路去。我们一起散步到中华商场去吃大陈岛人卖的砂锅，那甜美的滋味和真诚深刻的友谊，至今还令我回味不已。我们在陈年绍兴酒上写上名字，就寄存在店里，满屋都是写着名字的酒，光是看着就要醉了。

每天和最要好的朋友饮一盅陈年绍兴，我觉得是人生中最值得记忆的情味。而如今，我有十年的时间滴酒未沾了；而如今，好友息交绝游已有十二年了。从分别那时开始，我再也没有进去吃过一次大陈岛人的砂锅，我怕吃的时候会心碎落泪。

人生之味有点像砂锅之味，放了太多的东西，在同一个锅子里煮，最后就百味杂陈了。

我在台北住的时间竟超过二十年了，偶尔路过中华路，偶尔穿过那杂乱的、堆满物品的骑楼，总会想到在许久许久以前，电影还是黑白片、收音机还是广播剧的时代，一个乡下少年抬头看霓虹灯的影子，那影子如梦。

中华商场就要拆了，我想起了那些碎落的记忆、失散的朋友，不知道当年一起吃砂锅的人可还安好？不知道最后寄放的那瓶陈年绍兴给谁喝了？

有些东西是可拆的，有些东西是拆不掉的；有些东西会流失，有些东西会永存；有些人会变质，有些质会长青。有些梦，唉，实现了不一定比宝藏着好！

比景泰蓝更蓝

原来，所有美的感受都要穿过心灵，愈陈愈香、愈久愈醇，就好像海岸和溪边的卵石，一切杂质都已流去，只剩下最坚实、纯净、浑圆的石心。

近几年，我年年都到花莲去，有时一年去好几趟，通常是坐飞机，偶尔坐火车，竟有十二年时间没有走过苏花公路了。

前些日子，应朋友之邀到花莲去，搭车走苏花公路。车子沿着高耸的崖岸前行，时而开阔无比，时而险峻异常，时而绿树如缎，时而白云似练。我心里生起一种感动，仿佛太平洋的波涛，一波一波从海边泛起来。

难道苏花公路比我从前来的时候更美了吗？我心里觉得疑惑。

学生时代，我也几乎每年到苏花公路去。当时一方面是热爱东部雄峻高昂的山水，一方面则是热心于社会服务，常随着学校的社会服务团到南澳、东澳的山地部落去做服务工作，每次都走苏花公路。二十年前的苏花公路比现在狭小，许多地方是单线通车，因此走走停停，觉得路途特别迢遥。那个时候没有冷气车，山风狂乱、尘土飞扬，车内燥热、百味杂陈，当地居民时常提着鸡鸭上车，每回到了目的地都是灰头土脸的。

有一次，独自在苏花公路一带自助旅行，每到一站就住两三天。二十年前的旅游业不发达，几乎找不到像样的饭店，连普通的旅舍也难找，只有一种用木板铺成的“通铺”，专供到深山采药、采兰花，或走江湖卖艺唱戏的人居住。我就住在那些地方，每天十元。夜里，飞蛾、蟋蟀在屋内飞动，壁虎、蟑螂横行于壁间，墙壁上全是蚊虫、跳蚤、虱子被打死留下的血迹。

一夜，我到了南澳，已经夜深，投宿于这种平民客栈，睡前找不到漱洗的地方。老板娘说：“呀！后面有个池塘，我们的客人都在那里洗澡！”我走到屋后，果然有个池塘，在树林之间，星月映照在池水上。我满心欢喜地在池边刷牙、洗澡，觉得池水清凉甘美，又喝了几口，才回通铺睡觉。

第二天黎明醒来，再走到池边，大吃一惊，原来池水是乌黑的，池上漂满腐叶，甚至还有虫、蝶、金龟子的尸体。这使我感觉到，人的感受是不实的，昨夜那种美的印象完全破灭了。

旅行的环境是如此简陋，但每天一走到屋外，进入溪谷、林间、海滨，我就知道一切是多么值得，只要能走入那么美的风景中，就是睡在地上也是甘之如饴的。

溪清、林茂、海蓝、云白，满山的野百合和月桃花，有时光是坐着放松，就会感动得心潮起伏。

这福尔摩莎，这美丽之岛，这无可取代的土地呀！

二十年前，车稀路窄，一到夜晚，苏花公路就沉寂了，独自在大街上散步，觉得身心了无挂碍，胸怀澄澈如水。一直到现在，我都还深深地记得远处的涛声，以及在山路间流动的夜来香的气味。

关于苏花公路的记忆是我少年时代最美的记忆，噶玛兰的橄榄树、泰雅族的聚落、蓝腹鹇的歌声、南寺的晨钟暮鼓，光是想着就要微酣了。

那个时候所强烈感受到的美，未曾经过岁月的沉淀，没有感情的蒸馏，未经流水的冲刷，依然是粗糙的。这一次坐在冷气车中，细细回想从前所走过的路，窗外无声，云飞影移，觉得眼前的景色更美，在美中有一种清明，是穿过了爱恨，提升了热情所得到的清明。

原来，所有美的感受都要穿过心灵，愈陈愈香、愈久愈醇，就好像海岸和溪边的卵石，一切杂质都已流去，只剩下最坚实、纯净、浑圆的石心。我对朋友说："住在台湾的人，如果每隔一段时间就走一趟苏花公路，人生也就无憾了。"确实，我们走遍世界，才会发现最美的人间景致，就在我们身边！

几个晚上，我都住在亚士都饭店。亚士都算是花莲的老饭店了，简朴有风味，还像以前一样，我站在阳台面海的方向，可以看见明亮的天星，偶有流动的萤火虫，空气里青草伴着海风，带着槟榔花那极浓郁特殊的香味。我独自沿着海滨公园散步，秋季海上的风起了，一阵强过一阵，椰子树也摇出抽象的舞姿。东部的天空即使是夜晚，也如景泰蓝那样深蓝，白云依稀可辨，风一起，云好像听见了起跑的枪声，全往更深的山谷奔驰而去。

如果有点音乐就更好了，我想着。

海像是听见我的念头，开始更用力地演奏着涛声，一遍一遍，永不歇止。人与海涛在寂寞中相遇，便是最好的音乐。

少年的歌声也随海涛汹涌着，我想起，我曾在东澳的山路上采了一束月桃花，送给一位美丽的少女，月桃花依旧盛放，少女的神采则早已在云端上了。

如果，如果，再下点微雨，就更好了！

不能使人巧

古人说『能与人规矩，不能使人巧』，那是对有规矩的人来说的，如今的时代连规矩都没有了，还谈什么巧？

从前有一个叫刘羽冲的人，性格孤僻，喜欢事事都讲古代的典章制度。他不知道那些典章制度已经不符合现代的情况了，是迂阔行不通的。认识他的人都规劝他，但没有用。

有一天，刘羽冲偶然得到一部兵书，伏案读了一年，他就自称可以统兵十万了。正好附近闹土匪，刘羽冲就自练乡兵和土匪作战，结果全军溃败，自己差一点都被土匪抓去。

又有一次，他偶然得到一本讲古代水利的书，又伏案读了一年，自称可以使千里之地变成沃壤。于是他把绘图说明呈献给州官，州官也喜欢多事，叫他在一个村庄试办水利事业。当他把水利工程按古书之法建好的时候，正好发了大水，水沿沟渠灌入，全村的人几乎都变成了大海里的鱼。

刘羽冲从此抑郁不得志，时常在院子里走来走去，摇头自言自语："古人岂欺我哉!"每天念千百遍，只是念这六个字，不久就发病死了。

后来，每到风清月白的时候，常有人看到他的鬼魂在墓前的松柏下，摇头独步，念念有词。仔细一听，他诵的还是"古人岂欺我哉"六个字，如果有人取笑他，他就消失不见。可是第二天，他还是诵这六个字，一再重复。

这是清代才子纪晓岚记在《阅微草堂笔记》里的一个故事，他最后给刘羽冲的评述是："泥古者愚，何愚乃至是欤!"（泥古已经是很愚笨了，没想到有人笨到这个地步！）写这个故事，使纪晓岚想起一个长辈的教导：

"满腹皆书能害事，腹中竟无一卷书，亦能害事。国弈不废旧谱，而不执旧谱；国医不泥古方，而不离古方。故曰：'神而明之，存乎其人。'又曰：'能与人规矩，不能使人巧。'"

翻译过来，意思是说："人满肚子都是书会误事，肚子里没有一卷书，更会误事。这就像最好的围棋手，不会废弃古人的棋谱，也不会固执于旧谱；最好的医生不拘泥于古方，也不会背离古方。所以说：‘神而明之，全在用它的人。’又说：‘别人只能给你规矩，却不能使你手巧。’”

“能与人规矩，不能使人巧”成了被人传颂的名句。《阅微草堂笔记》正是以寓言的形式，借古讽今，讽刺清朝官场里污浊、黑暗的实情，所以经过两百年，读来依然刺中我们的心。每当看到传播媒体的报道，我们不禁会问：“我们今天的政治真的比古代清明吗？或者污浊与黑暗只是转变了形式呢？”

古人说“能与人规矩，不能使人巧”，那是对有规矩的人来说的，如今的时代连规矩都没有了，还谈什么巧？

最近，台湾“立法院”接连通过了所谓的《果菜营业税追溯减免的修改决议》和《弹性证交税率修正案》，他们都宣称是尊重民意才做了这样的修改，即使国民党一再全力阻止，媒体一再规劝，一般老百姓一再反映，追求政治生命的“立法委员”仍然不顾规矩，悍然通过，造福“小众选民”。

令人担心的倒还不是法案的决行，而是以民意为借口，完全不顾规矩的恶例一开，今后有财团支持或者有地方派系背景的人大举进入台湾“立法院”后，情况将更不可收拾。到那时候，真正的人民的福利、社会的发展、国家的前途能被照顾到吗？

一千四百位果菜承销人的选票这么重要？重要到可以无视一千多万选民的存在？何况缴税乃是天公地道的事！

唉唉！无知者愚，何愚乃至是欤！

这使我想到《阅微草堂笔记》里的另一个故事——有一个人梦见到了地府，看到许多穿官服的人被审判，都有愧恨之色，他走过去问：“这些是什么人？”小官员说：“这些就是四救先生呀！”

什么是四救先生？

就是——

一、救生不救死。死的已经死了，救不回来了，如果把活的杀了偿命，便多死一个人，所以宁可设法开脱活的，不管已死的是不是有冤情。

二、救官不救民。如果上诉案件成立，就说明原审的官员犯了错，官员的祸福难料；让人民的上诉案不成立，人民顶多是充军的罪，比较容易处理。因此就不需要考虑官员是否错判，百姓是否含冤。

三、救大不救小。官员出了错，罪责若由大官承担，被牵连的人一定很多；如果由小官承担，处罚较轻，结案也容易。至于小官是不是有罪，就不考虑了。

四、救旧不救新。旧官已经卸任，如果贪污未了结，把他扣下来，恐怕也不能偿还，不如放了他，强压新官帮他了结。至于新官能不能承担，则不在考虑范围之内。

官场上的“四救先生”，他们“非有所求取，巧为弄文，亦非有所恩仇，私相报复”，但是他们是非不明，“矫枉过直，顾此失彼，本造福而反造孽，本弭事而反酿事，亦往往有之”。想一想，我们的政界还是有许多“四救先生”哩！

“四救先生”地狱的判决如何呢？

幽默的纪晓岚说：“种瓜得瓜，种豆得豆。夙业牵缠，因缘终凑。未来生中，不过亦遇四救先生，列诸四不救而已矣！”

铁拐李的左脚

每次一想到李铁拐，心里就会感到一阵温暖。我们在人间游行，事无全美，福无双至，人人都是跛了一只脚的人，而觉悟者的最先决条件，便是承认自己的残缺，承担自己的病足。

读黄永武教授的《爱庐小品》，其中有一篇谈到铁拐李的文章，非常有趣，引人深思。

黄教授谈到八仙中的铁拐李，跛了一脚，手扶铁拐杖，还背了一个装有灵药的葫芦，他不禁感到疑惑："既然有仙人的灵术、灵药，为什么不先把自己的跛脚医好呢？"

"我猜铁拐李不治好自己的跛脚，是为了向世人展示：重心不重形。仙人重视心灵的万能，不重视臭皮囊的外壳。一般人外形有了残障，回护之心特重，不许别人说着他真正的缺陷处，不幸有人触及讪笑，甚至会动杀机。然而形貌的美丑，是贪恋世间者的品味，凡世味沾染得愈浓，愈不易入道，成道的仙人，早明白‘自古真英雄，小辱非所耻’的道理，不会把外形的美丑放在心上的。”

——黄教授下了这个结论。

读到这篇文章，令我想起了自己最早对铁拐李有印象，是从“八仙彩”和“八仙桌”来的。从前的台湾乡下，每逢节庆或嫁娶，门口一定要挂八仙彩，桌子也要围一条八仙彩，绣工细致、艳丽华美，传说一方面可以辟邪，一方面可以讨吉利。

八仙彩上绣着汉钟离、张果老、韩湘子、铁拐李、曹国舅、吕洞宾、蓝采和、何仙姑，形貌各异，而且突出，有老有少、有男有女、有美有丑。我在少年时代就时常想：为什么仙界的人不都是俊美年轻的神仙呢？那集合了老少美丑的仙界不也像人间一样不公不平吗？有什么值得追求的呢？

再进一步想：仙人也会老吗？仙人也会残缺吗？

每次一问大人，他们总是说：“囡仔郎，有耳无嘴，管什么神仙的大志！”最后总是不了了之。

不过，在八仙里我最喜欢铁拐李，因为他最有人味，最有亲和力，传说也最多。铁拐李为什么是跛脚的呢？有好几种说法——

一说，铁拐李早年长得非常英俊魁梧，从小就修道。后来，他率弟子在岩穴修行，有一天，太上李老君约他到华山去。他对徒弟说："我的身体留在这里，游魂和李老君到华山去，如果七天以后还没有回来，你就把我的身体焚化了。"他的魂魄飞出去之后，徒弟的母亲生了重病，催促儿子回乡。徒弟为了赶回家乡，在第六天就先把铁拐李的身体焚化了。等到铁拐李回到山上，正好是第七天，遍寻身体不着，只好附在一个饿死的尸体上复活，所以铁拐李才会跛脚。(《茶香室丛钞》)

一说，铁拐李活到八百岁，身体坏了，再投于他人的身体再生。(《铁围山丛谈》)

一说，拐仙原来姓李，在人间就有足疾，后来受到西王母的点化成仙，封为"东华教主"，授以铁杖一根。(《山堂肆考》)

虽然说法有很多种，其实都是从"人间观点"来看的，铁拐李早入了仙籍，怎么还会有人间的身体、人间的残疾呢？因此，我很赞同黄永武教授的说法，铁拐李的跛脚是一个象征，象征不论在人间或天界，都充满了缺憾，不能圆满。铁拐李的跛脚也是一种示现，示现事物没有十全十美，连神仙都不免有跛足之憾，人间的遗憾也就没有什么不能承受了。

铁拐李的葫芦中的灵药虽可以解救天下苍生，却不能治愈自己的病足，看起来似乎是矛盾而吊诡的，深思其义，会发现这是人生中的真情实景。我们很容易帮助别人渡过难关，可是自己遇到难关却总是手足无措。我们站在局外时常可以给人觉醒的灵药，一旦当局者迷，就会陷入闷葫芦中，哪有什么灵药呢？即使是人间最了不起的医生，生病了也要找别的医生诊疗呀！

在这苦难缺憾的人间，每次一想到铁拐李，心里就会感到一阵温暖。我们在人间游行，事无全美，福无双至，人人都是跛了一只脚的人，而觉悟者的最先决条件，便是承认自己的残缺，承担自己的病足。

最令人忧心的人，是自以为完美的人；最令人担忧的社会，是文过饰非的社会。不论人或社会，谁没有一些痛脚呢？怕的是不能相濡以沫、互相提供灵药罢了。

逐鹿天下，无限江山

人的一生是多么短促，成王败寇，有得有失，江山虽然等待英雄人物来逐鹿，可是江山有待而江山也无情，所有的盖世英雄，最后不都是在短促的岁月中、在如是多娇的江山前折腰吗？

从前在京剧和地方戏中，看见的项羽莫不是大花脸，须发飞扬，言语狂放，而刘邦呢，多是英俊小生，宽容、仁慈、文质彬彬。

一般人习染于戏曲既久，自然会对项羽和刘邦产生两极的偏见，偶有同情西楚霸王的，也会先入为主地认为他是一个粗男子。

最近到剧院去看明华园歌仔戏《逐鹿天下》，看到了对刘邦和项羽的诠释，与之前的《楚汉相争》完全不同。项羽竟然是一位俊秀的翩翩佳公子，不仅武功盖世、豪气干云，而且充满真情，情有独钟，为了虞姬，宁可放弃江山。刘邦则被描述成一个丑角，每天赌钱厮混，五短身材，胆小如鼠，笑话百出。在这出戏里，刘邦仅有的两个优点，就是他讲义气以及运气好。

这两位条件完全不能相提并论的人，一个看似英雄，一个看似狗熊，争夺天下，最后刘邦竟先进了咸阳，有了天下。看到最后的结局，真令人扼腕叹息，感觉到了真正的英雄人物那种可悲的情怀。

当然，戏剧不是历史，并不能反映历史的真相，因为在《史记》里，项羽固然是“彼可取而代之”的英雄人物，刘邦又何尝不是“大丈夫当如是也”的豪气干云的人中之龙呢?

在司马迁的笔下，项羽和刘邦都不是天纵英明的人。

项羽小的时候不喜欢读书，也不喜欢学剑，只喜欢读兵法，可是兵法也学得潦潦草草，不肯多学。比较特殊的是，他身高八尺余，力能扛鼎，才气纵横，有两个瞳仁，故乡的年轻人看到他都畏惧三分。

刘邦的少年时代更不堪，他出生农家却不事生产，好逸恶劳，喜欢酒色，就像一个不良少年，连喝酒也不付钱。他的优点是为人豁达，不拘小节，而且天生容貌很好，鼻子高挺，长相像龙，有漂亮的长胡子，左腿上有七十二颗痣。

这样两位不是顶特殊的年轻人，后来与天下英雄一样起来反秦，但在岁月的历练中，逐渐发展成非普通人。项羽虽然武功盖世，却变得骄傲、暴躁和专断，而且心肠软，在几次关键时刻（像鸿门宴）都不忍心杀刘邦，从而埋下了失败的种子。刘邦的性格则日渐成熟，加上有张良、韩信、萧何、曹参、樊哙等文臣武将的辅佐，竟势如破竹，声望愈来愈高，而且在好几次危险关头都如有神助，化险为夷，逐渐走向成功之路。

楚汉相争最动人的是项羽被困于垓下，四面楚歌，他在帐中饮酒，看着自己心爱的虞美人和千里马，满怀悲愤地唱着：

力拔山兮气盖世，
时不利兮骓不逝。
骓不逝兮可奈何？
虞兮虞兮奈若何！

英雄气短，末路狂歌，最后，他自刎于乌江，把自己的首级送给从前的旧部、后来投靠刘邦的吕马童。项羽死后，遗体被砍成五块，大家抢成一团，最后刘邦把万户的土地分为五份给抢到五块项羽遗体的人。

我少年时代读《史记·项羽本纪》，读到结局时感慨不已，想生命的追求如此惨烈，使得一代英雄豪杰落得鲜血淋漓的下场。这一次看了明华园的《逐鹿天下》，等于给“楚汉相争”的历史翻了案。我看完表演，在剧院旁的池塘边散步，不免想，是谁在写历史？什么才是历史的真相呢？得了天下的刘邦又怎么样？他大杀功臣，晚年得了重病，要更换太子刘盈为戚夫人生的儿子如意而不可得，最后对着戚夫人高歌：

鸿鹄高飞，一举千里。

羽翮已就，横绝四海。

横绝四海，当可奈何？

虽有缯缴，尚安所施！

虽有弓箭，又有何用？要射向哪里呢？

在历史里，人的一生是多么短促，成王败寇，有得有失，最后项羽是无可奈何，而刘邦是茫然无措。江山虽然等待英雄人物来逐鹿，可是江山有待而江山也无情，所有的盖世英雄，最后不都是在短促的岁月中、在如是多娇的江山前折腰吗?

今年的文艺季，除了《逐鹿天下》，另一出大戏是当代传奇剧场的《无限江山》，描述的是南唐末代皇帝李后主华丽而悲剧的一生。

我们凡夫俗子不能逐鹿天下，看看历史的兴衰也就很好了，反过来说，一个人如果心中有无限江山，也就无所争、也不必逐鹿了。

可叹息的是，正在逐鹿天下的人，有多少是因为自己的私心?有多少是真正珍惜江山?回家时，见满街的“竞选”的旗帜在暗夜中飘扬，我的感触更深了。

在旗上飘扬的人名与相貌，全都会是历史的过客，都一样渺小、一样短促、一样要折腰!历史真相虽然难明，但公道自在人心。但愿人人不只逐鹿天下，也都能珍惜江山与人民。

地上的鱼

鱼，应该在大海中自由地游泳，一旦摒弃了汪洋大海，鱼就会游入狭小的河川，不能吸取上下左右的养料，就不自由，也没有退路了——文化也是如此。

最近，在艺术圈子流行着一个论点，就是水墨画没有前途了，如果要走向国际化，有才气的年轻人应该放弃水墨画，改习油画。

这个观点，近百年来时常被提出来，卑之无甚高论，一点也不稀奇，比较稀奇的是因为近年来“一中一台”“台湾独立”的言论甚嚣尘上，许多艺术家、艺评家也遥相呼应，恨不能把水墨画也开除“国籍”、押解出境。然后他们举出许多理由，例如毛笔、墨水、宣纸没有时代性，例如水墨画已发展到尽头，例如水墨画没有国际观等。结论似乎隐约可见了：我们应该用油画、水彩来，这才是现代艺术唯一要走的路，也是唯一可走的路。

但是我们接下来的问题是，水墨画不要了，书法还要不要呢？篆刻还要不要呢？陶瓷器还要不要呢？博物馆里那些宝物还要不要呢？甚至我们可以进一步问：汉赋、唐诗、宋词、元曲、明清小说还要不要呢？假如这些都不要了，我们的文化空间和艺术发展将会陷入什么样的状况呢？

有一些画水墨画、练习书法、从事篆刻的朋友，为这个“艺术台独”或“文化台独”的论点感到忧心忡忡。他们举行座谈会，邀请我发表一些意见，这使我陷入了苦思。真的，如果在文化上我们把脐带切断，对台湾的将来会有什么影响呢？水墨画是如此优美的艺术形式，又有什么罪，要承担政治责任？

在这个世界上，如果我们真有国际观点，就会发现在艺术的范围里没有不好的形式，只有不好的画家。所有的艺术形式，如果突破了拘束，达到境界的高峰，可以感动全世界的人。今天，我们在艺术上自拘于小，对西方的油画、石雕、水彩俯首称臣，有没有想到在卢浮宫、大英博物馆、大都会博物馆，以及世界一流的美术馆里，西方人正在对我们的水墨画、瓷器、玉器、木刻顶礼膜拜呢？艺术创作只要是好的，就会有国际性，这个道理是很明显的。

至于水墨艺术的现代感，应该解决的问题也是在艺术家的身上，而不在艺术形式本身。我深信一个有大才气的艺术家，自然能以现有的形式来创造符合时代感的作品，水墨画如此，油画也是如此。就以油画来说，到现在，古典主义、印象主义、抽象主义在西方还是有人做，不是照样有现代感吗?

在一个多元的时代、多元的社会，最好的艺术发展，是任何形式都有人创作，人人适其所适、顺性而为，喜欢油画的就去画油画，喜欢水墨画的则潜心水墨画，各使自己的潜能发展到高峰，才是艺术的坦途。如今，主张“水墨画该死”的艺术家都是搞西画的，不免有本位主义之嫌。

我更忧心的，并不是水墨画本身的问题，而是整个文化和艺术的认同问题。如果在文化艺术上没有大的认同、大的胸襟，没有宏观与远见，不仅使我们的文化艺术走向褊狭之路，也会使我们的性灵生活变得短见而无味。深思一下，如果把历史的经典、艺术、思想都抽离，中国的文化和艺术还剩下什么呢?

政治社会受到环境的影响，这是无可奈何的事，但是文化艺术的空间愈大，才能培养胸襟愈开阔的人。宣判“水墨画是中原文化的流毒，应该判死刑”的人，我们站在一个更大的观点看来，都不免有小格小局、小里小气之弊。

鱼，应该在大海中自由地游泳，一旦摒弃了汪洋大海，鱼就会游入狭小的河川，不能吸取上下左右的养料，就不自由，也没有退路了——文化也是如此。

鱼能游入小河流还算是好的，如果手段激烈一些、情绪激进一些，就可能跳到地上，成为没有水滋润的鱼。

地上的鱼命运如何，再愚蠢的人也知道吧！

向北极靠拢

我们这个社会，富者愈富，贫者恒贫，时日一久，社会必然会走向两极化，升斗小民为五坪屋而折腰，豪门暴户却拥地百户，每天早上都蹲在黄金的马桶上解大便！

曾执导过《杀戮战场》《教会》《胖子和小男孩》《欢喜城》等名片的导演罗兰·约菲，最近来台湾。

罗兰·约菲的电影，最明显的特色是远离了他所熟悉的英国，带观众进入了一个陌生迷离的世界，像柬埔寨、南美、印度。这种自陌生而深入的过程的推演，形成了他的电影里非常明显的风格。

他认为自己是个“世界人”，那是由于他的曾祖父是意大利人，而他的太太是中国人。他说：“我选择把摄影机往外摆，放在哪个国家，哪儿就像我的家。不过，我不会光拍‘外国人’，我会拍‘外国人’和西方人的交流，会拍有关人性的互相影响。”

罗兰·约菲的新片《欢喜城》，选择了帕特里克·斯威兹担任男主角，记者问其原因，罗兰·约菲说，因为帕特里克·斯威兹有一种坚毅的个性，适合扮演剧中的医生的角色。更重要的是，帕特里克以前没到过印度，对印度不会有偏见，符合剧情。

罗兰·约菲的说法，使我不禁想到“客观”与“介入”的问题。当一个人有所介入，必会形成某些偏见，就无法完全客观了。例如不久前在台北上映的电影《情人》，是法国当代女作家杜拉斯的自传小说所改编的，不管是电影还是小说，由于杜拉斯的主观的介入，作品对中国人有很深的偏见，有许多小说评论和影评都认为《情人》是充满了“白人沙文主义”的作品，这个观点十分公允。

介入过度易生偏见，从美国人眼中来看“丑陋的日本人”，或者由日本人来谈“堕落的美国主义”，常能有一针见血之论。中国的两岸关系也是如此，这几年交流频密，两岸的优缺点都已浮上台面，如果经由客观的理解，而不是个人情感与意识的介入，中国的统一是极有可能的。

情感的介入就能造成不客观的偏见，何况是利益和权势的介入呢？最近有一个非常明显的例子，就是有很多人要王建煊[①]下台，媒体称之为“倒王”；同时，有四五百位大学教授联署签名，拥护王建煊推动土地交易依实际交易价格课税，被称为“拥王”或“护王”。这两方的人马都宣称自己代表“民意”，因此产生很大的争议。

如果从“介入易产生偏见”的观点看来，我们宁可相信大学教授，也不愿相信所谓的“民意代表”。因为大学教授没有权利的介入，他们的主张如果实现，自己也无利可图；“民意代表”之所以对王建煊的主张有如此大的反对，那是因为许多人从事土地炒作，或者是受炒作土地的财团支持，这里面充满了既得利益，他们的观点也就充满了偏见，“民意”只是他们维护利益的借口罢了。

其实，王建煊主张的依实际交易价格课征土地增值税是天经地义的事，一则，社会上所有交易之课税全是依交易价格的，这是最公平的，土地作为可交易的东西，自不能例外；二则，公告地价变化慢、弹性小，往往跟不上交易价格；三则，各地土地的公告价，同一区域往往相近，交易价的变化却很大，最能反映土地真正的价值。

我们小市民最纳闷的是，我们买卖东西依交易课税，为什么土

---

① 王建煊：台湾地区政治人物，时任台湾地区的“财政部长”。

地就要依公告课税呢？像作家写文章，也是依稿费课税，如果有另外一个“公告稿费”，那不是很奇怪的事吗？

何况我们大多数人，一生能有几次买卖土地的经验呢？对于缴税有什么可怕？会害怕这个变动的只有一种人，那就是利用买卖土地来牟利的人，土地在他们的手中进进出出，缴的税很少，赚的暴利很多，他们当然会想尽方法来阻止了。可是我们想想，被这些以土地牟利的人炒作的结果，已经是民不聊生了，大部分受薪阶级一生都很难买得起一间小屋，更别说是土地了。

这样想来，要不要支持王建煊，所谓的“民意”不是很清楚了吗？我们这个社会，近几年来颇受财富集中之害，富者愈富，贫者恒贫，时日一久，社会必然会走向两极化，升斗小民为五坪屋而折腰，豪门暴户却拥地百户，每天早上都蹲在黄金的马桶上解大便！

更令人忧心的是，社会两极化之后，所谓的那些“民意代表”由大多数在“南极”的人民选出来，却跑到“北极”去向财阀靠拢，勇于私利、怯于公义，这才是社会最可悲的地方。

如果王建煊最终被逼下台，将会立下最坏的榜样，以后有骨气、有担当、勇于任事的官员，谁还肯挺直脊梁、无畏无惧地做事呢？

风乎舞雩，咏而归

在狂热的政治气氛中，一个人要逍遥遨游于天地之间并不容易，可是政治如果搞到一个社会的人都不能逍遥，也就很可反省了。

最近几年，台湾人民关心政治日益深切，报纸上的政治版由原来的两版变成五六版，连一般的副刊和家庭版，也不可避免地讨论着政治论题，如果遇到重大的政治新闻，几乎整份报纸除了广告，就是政治了。

报纸如此，其他媒体也不能例外。电视新闻中几乎有三分之二是政治新闻，在电视新闻里露脸的人，除了抢劫、吸毒、杀人的嫌犯，剩下的就是政治人物了。广播电台在理论上应该影响较小，但事实上，新闻网的新闻扣除棒球和政治就没有新闻了，一般的广播电台每小时有五分钟的新闻，五分钟里都是政治。

特别是选举期间，不只媒体如此，巷口、马路、安全岛，都是广告牌和旗帜，有些想象不到的地方，像公交车的车厢、机场的透明幻灯广告、大楼墙外的屏幕墙，也全是政治。

有一次回家，发现家前马路不通——马路不通在台北是常态，不足为怪，怪的是，那次并不是因为挖路施工，而是因为一位“候选人”要发表政见，台子就正搭在马路中央，麦克风声音放到最大，民众虽然很讨厌，却也无可奈何。

政治如此重要，这是毋庸置疑的，但是政治人物在这种气氛之下，免不了会膨胀，不可一世，个个都以为自己是社会的救星、人民的舵手。再加上媒体推波助澜，“舵手们”更以为政治人物乃是社会中各种人物中最有身价的。事实上，在一个有制度的社会中，政治是重要的，政治人物却不是那样不可或缺。不管哪一个政治人物下台或死亡，社会都还是要向前发展的，舵手也是可更换的——不久前，美国前总统布什的下台不是最好的例子吗?

我们小老百姓虽然很关心政治，但有时看到政治人物的嘴脸是很可厌的；看到媒体扭曲了社会其他的价值，独独歌颂政治，也是很可厌的；看到那些图谋私利的政治人物，是更可厌的。因此，古代的大思想家，像老子、孔子、庄子，他们都关心生命的境界胜过关心政治的实务，甚至认为唯有生命境界的提升，邦国才能有道。

庄子曾说："其嗜欲深者，其天机浅。"

我们看到许多嗜欲深重的人在搞政治，内心不能不感到忧虑。但忧虑无补于事，遇到这种景况要如何自处呢?

老子说："见素抱朴，少私寡欲，绝学无忧。"

孔子说："道不行，乘桴浮于海。"

这些都显得有点消极，较平衡的是发展多元的价值，开展自由的心灵。我们可以从古籍中找两个例子——

《论语》的《先进篇》里记载，有一天孔子和子路、曾皙、冉有、公西华坐在一起聊天，他问起弟子们的志向。

冉有希望治理纵横五六十里或七八十里的小国家；公西华希望做祭仪上的小司仪；子路希望能把有一千辆兵车正陷于灾荒的国家治理好，使人民勇敢好义。

只有曾皙坐在一旁弹琴瑟，他放下琴瑟，站起来说："莫春者，春服既成，冠者五六人，童子六七人，浴乎沂，风乎舞雩，咏而归。"

——暮春时节，穿上轻松的春装，约青年五六人、少年六七人，一起到沂水中沐浴，在舞雩坛上吹着春风，然后唱着歌回家。

孔子叹着气说："我赞赏点（即曾皙）的志向。"

曾皙的志向就是拥有一种自由的心灵，那是超乎一切政治，甚至功利之上的。

另外一个例子，是庄子的《逍遥游》，讲的就是无拘无束、自由自在、行动自如的境界。他说，一个人如果能摆脱世俗的束缚，就能进入绝对的自由之中。他的文字优美、思想开阔，我觉得他是中国最早把自由逍遥的心灵讲得这么透彻的人。

庄子讲自由的心应该像大鹏的翅膀，"其翼若垂天之云"。他御风而飞翔，应该是"背负青天而莫之夭阏者"。他顺应天地的法则，驾驭六气的变化，遨游在无穷的境界之中，这样的人还要依赖什么呢？所以庄子说："至人无己，神人无功，圣人无名。"

在狂热的政治气氛中，一个人要逍遥遨游于天地之间并不容易，可是政治如果搞到一个社会的人都不能逍遥，也就很可反省了。

但愿我们的社会能走向更多元发展之路，有更多的人渴望"风乎舞雩，咏而归"；有更多的人以垂天之翼飞翔于青天之上；有更多的人像艺术家；有更多的人不贪恋于权位……因为，一个社会里的人，如果心都像政客一样，那就非常非常可哀痛了。

牛肉汁时代

人之所以异于禽兽，是人有一个广大的灵性世界。如果一个人花在灵性思维上的时间很少，他的身心就接近禽兽了。

朋友告诉我一个笑话——

一个贵妇去找一位知名的画家作画，并且谈好条件，这张画像一定要她家里的狗喜欢才付钱。

画家一口答应了，但是向她要了双倍的价钱，理由是："画到连狗都喜欢，那是非常艰难的。"

画像终于完成了。当画送到的时候，贵夫人的狗立刻飞奔而至，看起来心情很愉快，热情地舐着画像上主人的脸颊。那位贵夫人和她的狗一样兴奋，付了双倍的价钱给画家。

这件事情传开了，许多学艺术的人都非常佩服画家，纷纷来向他请教，如何画一幅让狗看了也那么感动的画。

画家说：“没什么呀！我只是在她脸上的颜料里加了一点牛肉汁。”

这个故事很值得深思。一般人欣赏艺术品通常停在外表的层次上，例如一幅画像不像，例如一幅画可以卖多少钱，因此，那些好卖的艺术品不一定很感人或很有创作力，只不过是在颜料里调了一点“牛肉汁”吧！

我们这个时代，由于外在的可炫惑的事物太多，可以说是一个“牛肉汁时代”，许多人拼命追逐外在事物，献出了大部分青春，不幸的是，外在事物时常是很短暂的、不永恒的，不能确立人生真实价值的。

我并不排斥人对表面事物的追逐，例如变得更有权位、住更大的房子、开更高级的汽车、穿更好的衣服、在更昂贵的饭店吃饭，因为这是人之常情，也是一个社会发展的动力。但是我很担心，太少的人进行内在的沉思与开发，这对文化与品质的发展是很不利的。

人之所以异于禽兽，是人有一个广大的灵性世界。一个人活在世间，在作为人的独有品质的开发上，至少应该花费和外在的、物质的追求相同的时间。如果一个人花在灵性思维上的时间很少，他的身心就接近禽兽了。

20 世纪 90 年代以后的人，花费很少的时间就可以温饱了，大部分的追逐都只是欲望的展现。但是人生不仅如此，只是由于内在的品质不像外在的物质那样易于被发现、易于被衡量，大家就忽视了。

禅宗里有一个公案，说有一个弟子非常崇拜赵州禅师，于是为赵州画了一幅画像，有一天拿给赵州看，问道："师父，您看这幅画像不像您?"

赵州说："如果不像，你就把画烧了。"

停了一下，赵州又说："如果像，你就杀了我吧!"

弟子只好把画像烧了。

这个公案的意思是，表面的事物是无法取代内心世界的。物质的堆砌，塑造的是我们的画像，而不是真实的"我"，真实的"我"唯有在夜半扪心，花时间反复思维才会显现。

真实的我，不是脸上涂满颜色的我。

真实的我，不是穿着流行时装的我。

真实的我，不是在街头奔赴名利的我。

真实的我，不是那个表面华丽、内心空虚的我。

“那么，真实的我要去何处寻？”

“你问我，我问谁呢？我找自己的时间都不够用了呀！”

“拜托，给一个简单的提示。”

“好！给你一个简单的提示，你花多少时间在穿衣、打扮、美容、工作、追逐，就花相同的时间来读书、思考、静心、放松，真实的我就会出来与你相见了。均衡一下嘛，广告不是这么说的吗？”

“这么简单，我回去就试试！”

“咦？你脸上怎么有牛肉汁？”

“呀，哪里？”

“哈，除了均衡一下，也要轻松一下嘛！”

教育的浊水溪

今天的教育问题千头万绪，可能难以理出一个改革的总纲，但是教科书改革是最明显、最容易做的事，我们何不就从教科书着手，让它有一个新面目？

一位朋友在“编译馆”上班，告诉我一个笑话——

他每天上班的时候，坐上出租车，告诉司机“编译馆”后就闭目休息，睁开眼睛时，出租车往往是停在殡仪馆的门口。

这个笑话，每回想起来都使我感到心酸，它似乎象征着我们的教科书是死气沉沉的，而教科书的僵化，也使整个教育几乎失去弹性。

不久前，台北市议员李逸洋指出，目前的教科书对台湾的介绍太少，并当场出了一道“浊水溪流经几个县市”的考题，要教育官员作答，结果“教育局”科级以上的官员竟没有一个人可以回答。

这也显示了，即使是与教育相关的官员，向来也是不读教科书的。

教科书问题很多，例如教科书给人的印象是枯燥乏味的，很少有学生读教科书读到爱不释手的。我想这并不是编教科书的人没有能力编好教科书，而是在编写时就认为教科书就是严肃的，需要板起脸孔才像教科书，久而久之，这就成为一个传统了，即使非常有创见的人进到“编译馆”，也立刻显现出夫子相。

我认为教科书过分严肃的传统，已经不适合现代社会，而且教材也不一定要统一。如果有许多种教材可供选择，有所竞争，在内容上一定可以有所创新，编出更好的东西。

要改变教科书的内容可能是艰难的，但是改变编排印刷质量应该不难。以目前的教科书为例，从封面、排版，到美术设计，都给人保守老旧之感，现在的学生经常在书店出入，也都有钱买课外书，一比较，很容易就对教科书感到失望。难道发行量如此之广、财力如此雄厚的教科书，请不到最好的美术设计吗？非也！那是由于主事者认为教科书就要灰暗一些、古板一些。如果教科书很有美感，难道不是最好的教育吗？

我们的教科书不符合要求、不完整，还可以自反面来看——老师、家长都对教科书没信心，乃使补习教育盛行，小学、中学、高中都盛行补习，补习班林立。“教育部长”毛高文时常强调“只要读教科书就够了”，但事实证明，大家对这个说法是有疑虑的。

如果教科书编得够好、够活泼，学生根本不需要去补习。如果各级教师对教科书的信心够强，考试的范围就不会偏离教科书，学生也就不会饱受折磨了。

补习教育的泛滥，使许多学生天未亮就出门，半夜才回到家里，根本没有时间看天上的太阳。教育搞到十几岁的孩子都没有时间看太阳，那还不够惨绿、不够黑暗吗？

当然，补习教育是源自升学主义，但是如果有很好的教科书，考试的范围不离教科书，只要在课堂上把书读好就能考上好学校，无形中就会根绝补习教育。因此，优良的教科书编纂，乃是教育的第一步。我们可以进行一些问卷调查，看看老师、家长、学生对教科书的满意度，看看我们的教科书是不是优良，以此作为改革的参考。

多年来，我对教科书一直有两个疑惑：一是真的编不出好的教科书吗？那些编纂的人都做些什么工作呢？二是新思想、现代感，与社会接轨的事物很少在教材中得到反映，是编纂的人不关心社会呢，还是管道淤塞，新的人才无法被吸收到体系之中呢？

今天的教育问题千头万绪，可能难以理出一个改革的总纲，但是教科书改革是最明显、最容易做的事，我们何不就从教科书着手，让它有一个新面目？不要让“编译馆”成为教育的“殡仪馆”才好！

我们的教育需要一些清水来灌溉，不要永远做浊水溪。

文化艳星

一个重资本、重商的社会，通常会偏向于复杂华丽的包装，把本质普通的东西，用华丽的包装，从而造成物超所值的错觉来鼓励人的购买欲，甚至让人上当。

时常看报纸的人会发现，报纸上常有新的名词，例如最近的一个新名词叫“文化艳星”，初看的人可能会感到迷惑，但也很容易理解。

且说在香港有一位拍过色情电影的“脱星”，最近到台湾来发展，她将在餐厅只穿内衣表演。她虽是如假包换的“脱星”，偶尔也写写文章，甚至也想出一本书，因此把自己的头衔改为“文化艳星”，各家媒体帮着宣传，就称之为“文化艳星”了。

文化有艳星，可以算是奇谈，因为文化与色情本来是矛盾的，前者提升人的境界、美化人的心灵，后者鼓励人的欲望、污染人的心灵。所以，从“文化艳星”这个名词看来，也可以知道我们这个社会是非之不明了。

一个重资本、重商的社会，通常会偏向于复杂华丽的包装，把本质普通的东西，用华丽的包装，从而造成物超所值的错觉来鼓励人的购买欲，甚至让人上当。譬如说，我们去买了包装非常富丽的茶叶礼盒，其实茶叶本身通常是三流的，可能还比不上包装盒贵；譬如说我们去买月饼，四个月饼卖五百元，那装月饼的铁盒说不定比月饼还贵。

这种过度包装有时会反映在文化中，造成可笑的状况。譬如在文学界，这两年有作者出书，里面却刊登自己的裸照。还有作者号称是“台北最帅的男人”，这就是企图用包装来掩人耳目。如果书很难看，登裸照又有什么用呢？如果文章平平，长得帅对一本书又有什么助益呢？

在艺术界，拍卖场的假性狂飙，让人误以为在台湾，画家的每一幅画都可以卖百万以上，其实拍卖场叫价一百万的画作，十万就能买到，这也是一种包装的手法。

在唱片界，差不多每个月都有新歌星上场，新歌星最重视的就是包装，唱片公司往往花数百万来包装一个歌星，从服装到造型，从演讲到出书，几乎什么都有了，缺的只是那被包装的帅哥靓妹往往不会唱歌。

在电影界，花重金请来超级巨星拍一场戏，勉强可以算是龙套，因为在戏中的时间不会超过十分钟，但是宣传时却包装成“某某某领衔主演”。

在建筑界，很少有人真正想把房子盖好，大部分建筑商迷信剪彩和工地秀，大明星十分钟来剪一刀就要两百万，工地秀一场也要数百万。请问，房子盖得好不好，和请什么明星剪彩、演什么工地秀有何关系呢?

重视包装不是坏事，但过度重视包装会造成几个结果：一是义理不明、本末倒置；二是重视形式、轻忽本质；三是欺骗大众、践踏诚信。久而久之，大家不愿在品质上提升，只在外表、形式、仪式上讲究，社会力就为之丧失了。试想，穿内衣、演色情而称之为“文化艳星”，文化还有什么准则和天平呢?

文化工作虽是千头万绪，仍是有迹可循的，眼前就有两个明显的例子——

例如，电视台和报纸的综艺节目或影剧版几乎是为包装而设立的，可以说是完全被歌曲、电影、作秀的公司包档了。同一天，我们可以在三个台的每一个综艺节目中看到同一个歌星唱同一首歌，而每一家报纸在同一天都介绍同一位“波霸”，这其中，利益交换与罔顾舆论是昭然可见的。

例如，最近琼瑶和平鑫涛宣布，制作费最高的可人公司宣布解散，原因正是主管部门重形式、轻内容。如果用大陆明星可以在本质上提升电视剧，观众也喜欢，就没有强制处分的道理；如果确实违反了相关规定，为什么不一开始就禁播呢？非等到戏完全播完了，再来回马一枪吗？

记得去年中秋节的时候，“环保署长”赵少康曾呼吁大家少买过度包装的月饼，因为只会造成更多的垃圾，增加环境保护的负担。对文化也是如此，过度的包装，只是造成社会的垃圾，增加人心的负担。

这里面，要商人拿出良知，变得名副其实是很艰难的，但媒体不能没有良知，不能沦为商人的工具，在其中推波助澜，搞出不知所云的“文化艳星”。

如果“文化艳星”的色情可以这么堂皇，那么偷画的小偷我们可以称为“艺术大盗”，出过书的“脱星”也可以叫作“文学波霸”了！这还像话吗？

莫扎特巧克力

当我们的社会从政治意识转入文化意识，以人文、人本、人道为前导，对创造心灵、艺术心灵有礼敬的态度时，我们才可以说我们是有文化的社会。

朋友从维也纳回来，送给我一盒莫扎特巧克力，说是听莫扎特音乐时吃起来会特别香甜。

莫扎特巧克力是为了纪念音乐神童两百周年而制作的，在这个值得纪念的日子里，维也纳生产了一切我们可以想象得到的物品，像花瓶、瓷盘、笔记本、巧克力、饼干、运动衫、金币等，唱片、CD、录音带、书籍、表演自不在话下。

像莫扎特如此伟大的音乐家，他使所有的统治者都相形失色，他让我们知道真正对人类心灵具有深远影响的是文化与艺术，它们才是一个民族文明的指标。

第二天我到高雄去。

高雄的朋友带我去文化中心，他说“要走中山路，然后转中正路，再转经国路”，使我立刻怔住了。

在全省不管什么城市、什么乡镇，甚至在偏远的山地部落，我们都有“中山路”“中正路”，都有“中山国小”“中正中学”，都有“中山公园”“中正公园”！

每一个学校、每一条道路、每一个公园，我们都有中山与中正的铜像。

在每一个风景优美的地方，都有蒋中正的别墅。

在这么漫长的岁月里，竟没有人用学校、公园、道路、铜像来纪念一个艺术家，纪念真正对人类心灵有深远影响的人。

我不是说到处是“中山”或“中正”或“经国”有什么不好，而是说，为什么不腾出一点空间给文化呢?

我觉得，这种政治意识、歌颂意识其实是国民党统治的致命伤——它凸显了四十年来统治者不重视文化艺术，也凸显了一个民族创造力如何因政治至上而变得萎缩，更凸显了威权政治的霸道与僵化!

欧洲许多国家把艺术家印在钞票上，为对心灵有贡献的文学家塑像，日本把文学家照片印成邮票与纸币，西班牙奥运会以米罗、毕加索的画来做民族与国家象征。

这些更使我们感到失落，我们还是走“中山路”，转“中正路”，再转“经国路”，然后去台北“中山纪念馆”“中正纪念堂”“介寿馆”看艺术表演。

哪一天我们也可以吃“中正巧克力”，可以走“白石路”，到“大千纪念馆”看表演，那时候，这社会的品质就成熟了。

当我们的社会从政治意识转入文化意识，以人文、人本、人道为前导，对创造心灵、艺术心灵有礼敬的态度时，我们才可以说我们是有文化的社会。

卷二 沧海浮生

一个作家没有尊重与诚恳的态度

一个出版社没有尽力求好的精神

读者很快就会知觉并弃之如敝屣

从最根深处站起来

如果社会是一棵树，摊贩就是土地下最末梢的根须，在一棵大树的成长中，他们供应了相当大的动力。他们的自足、自信和挺然站立，使我们整个社会可以从最根深处站立起来。

一双未完成的鞋子

不管在什么时间，不管从什么地方走过，我们都很容易看到一个场景：许多人围聚在一起，看着出售货品的小小的摊位。

我们或者会停下来买一点东西。

我们或者会站着看他们卖些什么。

大部分的时间，我们视若无睹地走过，冷然无情地走过。

于是，那些生活在我们四周的人，便与我们没有任何相干。我们不知道他们的生活、他们的背景，甚至不知道他们是从什么地方冒出来的。

有时候，我们会抱怨他们阻碍了交通，妨碍了秩序；有时候我们会为自己在无意中买了便宜的东西而高兴；有时候，我们会问：他们大概赚了不少钱吧？

这是我们对摊贩的一般概念。摊贩虽然与我们的生活有一定的联系，他们却仿佛生活在另一个神秘的世界里，我们看不见他们的辛酸，也看不见他们如何在最根深处站起来。

多年来，我接触了很多摊贩，我佩服他们面对生活的勇气。他们虽然做着最卑微的职业，但他们和生活苦斗着，光是这一点，就足以给我们很大的启示。

在写这些摊贩前，我想起了童年的经验。

七岁的时候，我用一个铜板一个铜板攒起来的钱，在小镇街边的摊贩上买了一盒油彩。回到家里，我把十二种颜色的油彩一条条挤出来观察，当色彩从管子中出来的一瞬间，我领悟到了人间的色彩，那种彩色的感觉一直跟随我到今天。

然后我想，我要画什么呢？我选择了那个卖油彩的摊贩。

我便每天背着油彩坐在摊贩对街的农舍屋檐下，画那一个瘦小的老摊贩。他那穿着厚重的棉衣、戴黑色毛线帽的形象给我很大的震撼，可惜当我画到他那一双“开口笑”的皮鞋时，一个警察走过来把他赶走了，致使我童年的第一张彩画一直没有完成，以后我再也没有见过那个老摊贩。

我每天孤独地站在未完成的画前面，为无法给最后的那一双鞋子上色而苦痛不堪。我甚至为他流泪了。

他会到哪里去呢？他还会卖油彩吗？

我疑惑而难过地思念着那一位老人。童年那一段不快乐的经验给我日后的生活投下了很深的阴影，很久都无法散去，也使我对摊贩怀有一种特别的情愫——这些生活在社会最底层的“游牧民族”，在我内心投下了特殊的印象。

每当我遇见一个摊贩，童年的印象便会浮现出来。如今我写摊贩，只是要完成那最后一抹色彩，以了却多年来的心愿。

自足地面对生活挑战

冷风呼吼的冬天，我到东部一个小渔港去。清晨，我独自走到临近海边的鱼市场去，为的是观察渔民在晨曦中如何进行他们的交易。

在渔市场里，可爱的渔民们正在兴高采烈地出售他们的鱼。渔民们自兼摊贩，大声地吆喝着，特别让我觉得真实而感动，其中一个摊贩吸引了我。

只见他把鱼一箩筐一箩筐从三轮货车上卸下来，大声叫着："来哦！新鲜的！最好的鱼在这里！"

我走过去，他转过身来，我看见他嘴角留着两撇稀朗的猫须，有一些槟榔汁还残留在唇边。他戴着一顶载满风霜的鸭舌帽，穿一双黑色雨靴，衣服沾满了鱼的腥香，最让我吃惊的是他的表情——他始终带着微笑，非常自信自足地推销他经过一夜辛苦捕来的鱼。

渔民摊贩看到我拿了相机，欣悦地微笑着，然后抓起箩筐中的一条鱼对我说："你要拍照就要拍最好的鱼，我这里的就是最好的鱼！"后来，我陪他一起卖鱼。由于他的自信，鱼很快卖完了，他高兴地收拾箩筐，哼起一首歌："透早就出门，天色渐渐光……"

渔民四十二岁了，他告诉我，他生活的信心来自他的祖先。他在幼年时便陪父亲在渔市场贩卖自己捕来的鱼，他说："我们四代卖鱼了，当然卖得最好。”他认为渔民的生活虽然很辛苦，但是没有什么可抱怨。“我祖父、父亲都这样过来了。”

那个渔民自足地面对生活挑战的态度，给我很大的撞击。我站在原地，看他的三轮货车绝尘而去，渔市场喧嚣的声音突然隐去，只剩下他的形象在脑中盘旋。

去伤解郁，根治百病

妇女百病

心脏无力

关节抽痛

气血两虚

脚风手风

寒热咳嗽

九种胃痛

跌打损伤

五劳七伤

神经衰弱

失眠夜梦

梦泄遗精

精力不足

记忆减退

一块白布长条上写了这些用红漆写成的大字，一位神情健硕的老人正在白布后推销他的“祖传秘方”。

在南部一个小镇上，我很吃惊地站定，他那简单的药粉竟可以治愈那么多的“现代病”，尤其让我惊奇的是，老人坚决的神情。

他说：“神经衰弱吃一包就见效，败肾失精吃两包就见效，各种胃肠病吃三包就见效。这款药粉不是普通的药粉，是数百种草药经过数十年炼成的，吃一罐治标，吃两罐治本，长期服用活百年。”

老人“去伤解郁，根治百病”的药方，竟然打动了旁观的民众，不到一个小时，药箱里的药几乎全卖光了，老人得了一万多元。他收拾好行李，我和他在傍晚的街上走着，他告诉我，这种药确实有效，这是他祖先几代赖以维生的药方，可以“有病治病，无病保身”，绝对错不了。

老人已经七十岁了，他还要将这个药方留给他的子孙，他说自己是个江湖人，每隔几天就要换一个码头。“只要带着一箱药粉，我就可以走遍天下了。”

穿着黑布鞋、黑长袴、白衬衫、红毛衣的老人，像流浪在乡间的许多江湖人一样，生命在默默的岁月中流转。

我不太相信一种药粉可以治百病，由于老人的流动性，药粉到底灵不灵也没有人检验过，但是我佩服老人的生命力。他就像他的药粉一样，在西药已经风行的今时今地，他还能坚忍有力地在乡间的每一个角落跳动。

不要忘记我们的粿

有一天我路过华西街，被路边一个三尺见方的小摊贩吸引住了。只见一位二十出头的年轻人和他年轻的妻子正在忙碌地包装“红龟粿”“菜头粿”“芋仔粿”，卖给过路的人。

他们忙碌的情景很出乎我的意料，像粿这种传统的零食，没想到现在还这么受欢迎，许多中老年人路过时就会顺便买一个粿，边走边吃。

我访问了那对年轻夫妇，他们的摊位上只点了一盏五烛光[①]的小灯。

他们在那里已经摆了四年的“粿摊”，收入相当不错。问他们最初的动机，他们说：“有一次在外祖母家里吃了粿，倍儿好吃，就想，这样的东西流传了数千年还受民众的欢迎，一定有它的道理，何不摆个摊位试试看呢？我们请教了外祖母制作方法，便尝试性地摆摊，没想到一摆就是几年了。”

那个粿摊很受欢迎，有固定的老主顾，尤其是年节庆典时更是供不应求，夫妻俩忙得不可开交。

本来沉默地站在一旁的太太说：“中国人还是吃中国人的东西习惯。”

他们的生活没有什么烦忧，夫妻俩都认为卖粿是“前景看好的

① 烛光：电灯泡的功率单位，即“瓦”。

行业”。我很喜欢这对勤劳的小夫妻，他们白日在家中努力地做粿，夜里出来摆摊，生活在自足的小天地里，而且他们的粿在那里已经被摆出一点名声了。

我想，借着许多小摊贩，中国传统的吃食和民间工艺才得以保存，并在民间展现它的活力。如果没有这些勤劳的摊贩，很可能许多可贵的东西都要失传了。

那些失传的东西像粿一样，在民间小摊贩间总会留下一些肯定的声音：

“红龟粿、菜头粿、芋仔粿……这里天天卖！”

捡回掉落的鞋子

摊贩们固守自己的天地，但生活并不是很安定的。有一回，我走过台北市的一条大马路时就看到一幕令人心惊的场景。

一排卖小吃的摊贩中有一位妇人，带着一个大约三岁的女孩在卖肉羹。许多人围着摊子吃着，一碗七元，妇人熟练地从大锅里舀出肉羹，放一点佐料、一点青菜，然后端给站着喝肉羹的人。她不断地重复着那一个单调的动作，最难得的是，脸上始终带着笑容。小女孩则乖巧地蹲在旁边玩耍。

“警察来了！”

突然，在前头的第一个摊贩叫起来，所有的摊贩便惊惶地奔跑起来。妇人的东西太多，她迅速用右手抄起女儿抱在怀中，左手推着那一辆摊贩车向小巷中拐进去，许多吃肉羹的人端着碗跟着她的摊子一起跑。

很快，妇人与她的摊子消失在街的尽头了。但是，小女孩的拖鞋却因为匆忙奔跑，掉落在街心。空旷的街上，两只小鞋子显得格外凄冷。

两个穿着整齐的制服的警察走过，等他们走远了，那个妇女才蹑手蹑足地回来捡小女孩的鞋。

她那余悸犹存的心惊样子，一时之间也让我手足无措起来，不禁觉得悲凉。

摊贩难为。他们有面对生活的勇气，但有时候，他们的自尊就像匆忙中掉落在大街上的鞋子一样，要一次一次捡回来，然后穿上，以面对新的挑战。当然，警察是对的，可摊贩为了求生活也没有错，那么，到底是什么地方错了呢?

从最根深的地方站立起来

每一个人都应该知道如何调整自己，以便在扰攘的尘世中立足，摊贩也不例外。他们不是生来便注定做摊贩的，因此他们必须不断地进行自我调整。

如果社会是一棵树，摊贩就是土地下最末梢的根须，我们也许会忽略他们，但是在一棵大树的成长中，他们供应了相当大的动力。

他们的自足、自信和挺然站立，使我们整个社会可以从最根深处站立起来。

写到这里，我又想起了童年那双未画完的摊贩的“开口笑”的皮鞋。我还是留下了最后一笔，希望能常常面对它。

每当想起兰陵剧坊的朋友们，想起他们的热情、恳切、渴望，想起他们没有固定职业还每天跑去排戏，想起他们之间的友谊，以及他们群策群力创作的种种，我都深深地觉得感动。

天才型演员

今年一月三十日，我欣赏了“新春歌谣音乐会”，第一次看到了刘静敏的表演。她饰演的是一个追求都市浮华生活的乡下女孩玛格丽，她穿着新潮鲜丽的衣服，一摆手、一扭头都是千娇百媚，充满了无限的风情。虽然她整场表演不发一言，却给我留下了相当深刻的印象。后来有一个朋友告诉我：“玛格丽是一个爆炸性的角色。”

后来，我又看了刘静敏主演的《荷珠新配》，她饰演一个风尘女一夜间变成富家千金的角色，对白很多，仍然演得生动淋漓，风情与灵动兼而有之，叫人不禁鼓掌。

最近我又看了兰陵剧坊的新戏《猫的天堂》，刘静敏在其中扮演的是一只娇羞的小母猫，趣味横生。

她是那种一出场就闪烁着光芒的舞台演员，举手投足之间已使舞台生色了不少。

我和刘静敏聊天，发现她在台上和台下判若两人。她常常穿一条牛仔裤、一件 T 恤，戴一顶小帽，骑一辆小机车在台北市的街道中穿来穿去，脸上不施脂粉，笑起来两眼眯成一条线——她是非常生活化的，使人很难把她和台上的“玛格丽”“荷珠”联想在一起。

私底下，兰陵剧坊的朋友叫刘静敏“秀秀”。秀秀可以说是天才型的演员（兰陵剧坊的哲学是：每个人都是天生的演员），秀秀自己也觉得她什么戏都可以演，但是她说：“我比较喜欢身体剧，因为语言是很表面化的，有时顾到说话就不能专心表演了。做一个舞台演员，能用身体表演和观众沟通是最快乐的事。”

过得很苦却有意义

秀秀是文化学院戏剧系“国剧”组的毕业生，她表示，在学校时读的虽是戏剧，但她并不是用功的学生，因为“国剧”使她有疏离感，不能投入情感。她说：“我是爱演戏，但不是‘国剧’，所以在学校里只是混。”说着，她不好意思地笑起来，眼睛又眯成一条线。

她真正爱上戏剧，是两年前参加“耕莘实验剧团”，演出身体剧《包袱》以后。她觉得在那出戏里，自己的情感得到了发挥，爱戏的心愿也有了寄托。后来“耕莘实验剧团”变成了“兰陵剧坊”。兰陵剧坊的朋友们每天在一起生活，在一起创作，在一起演戏，使她觉得整个人都充实起来了。

她说：“加入兰陵剧坊之后，我认识了许多好朋友，他们不但使我对艺术的看法改变了，而且也使我的人生观改变了。我们都没有固定的职业，过得很苦，却过得很有意义。”

秀秀热爱表演，她不但和兰陵剧坊的朋友在舞台上创造理想、开创剧场艺术的前景，也参加电影和电视的演出。她做过电影演员、场记、助导，担任过电视节目“大夺标”的助理和“小夺标”的主持人。在舞台、电影、电视之中，她觉得最吸引她的还是舞台，因为舞台是和观众最直接、最真诚的接触。

为了舞台的表演，秀秀又回到文化学院“国剧”组去旁听那些以前一点儿也不感兴趣的“国剧”，但她意外地发现了“国剧”的伟大。令她觉得可惜的是，“国剧”的伟大艺术已经脱离生活太久了。兰陵剧坊就是在这样的背景下去实验、去开拓，去重塑中国剧场的新页。秀秀很明白这个道理，她认为，实验只是过程，而不是目的，“国剧”有今天的成就不知道经过了多少实验，虽然中国剧场的实验很重要，但戏剧的前途更重要。

她说：“中国影剧界经过这么多年的演变，之所以还没有创出格局，主要是因为从业人员的态度问题。不管是电影界还是电视界，很少有人是存着‘要拍出好东西’的念头的，大家都把名利放在前面，电影、电视怎么搞得好呢?”

我们又回到原先的问题，为什么兰陵剧坊能改变秀秀的人生观呢？她说：“我发现，我们的影视界很多顶尖的演员，但他们对表演的敬业精神还不如兰陵的朋友，这纯粹是态度问题。”这个问题一方面使她痛心于国内演员缺乏训练，一方面又让她感动，感动于在这个追逐名利的时代，影剧界还是潜藏着生机的。

愿意尝试各种新战

演过《包袱》、演过《玛格丽》、演过《荷珠新配》，深爱演戏的刘静敏并不感到满足，她觉得自己的演戏之路还可以更广、更深沉，她说：“我希望演一些内心戏和身体剧。”

兰陵剧坊的成员都充满了实验的精神，秀秀也不例外。她觉得，中国剧场已经到了不得不变的时候，而改变的唯一道路就是“实验”——做前人没做过的事，演前人没有演过的戏。“实验精神”对剧团而言是“不断创作新戏”，对演员而言则是“尝试各种新戏”。

继《荷珠新配》之后，兰陵剧坊在九月二十六日到十月一日又将推出新戏《猫的天堂》，那也是充满“实验精神”的戏，和过去的剧场风格完全不同，它又向前跨出了一大步。

《猫的天堂》是由徐荣昌提供意见、卓明参考佐拉的短篇小说改编而成的，演出者包括“兰陵”的成员林原上、金士杰、刘静敏、黄承晃、金士会、马汀尼、陈以亨、王中芳、尤庆琪等。舞蹈指导是云门舞集①的男舞者陈伟诚，服装设计是徐荣昌，音乐是蔡宏荣选的德国音乐家 Rick Wakeman 创作的音乐。这些年轻人的热情是让人感动的，他们所创出的成绩是让人欣慰的。

看完《猫的天堂》，我觉得这是国内实验剧的一次大突破。演员们利用人的肢体，以最大的可能性来模仿猫的动作，一面让我们可以投入猫的世界，产生同情、开怀、激动的共鸣情绪；一方面让我们能够站在人的立场，看人性的种种弱点，进行反省与沉思。

《猫的天堂》用“非语言的语言”对白，把舞台与观众间的距离控制得恰到好处，并且产生了一种讽刺的美感。它延续了“新春歌谣音乐会”和《荷珠新配》中的喜感与讽刺精神，但是在层次上更进了一步，在内容上也更深刻了。

在《猫的天堂》里，林原上、金士杰、刘静敏、马汀尼、金士

① 云门舞集：现代舞蹈表演团体，也是台湾地区第一个职业舞团。

会等人都有十分精湛的演出，可见除了秀秀，兰陵剧坊里还有很多天才演员，我们的社会中还存在着无数可造之才。

我更肯定了一位朋友说的话：“会说话就会唱歌，会走路就会跳舞，有感情就会演戏。”这句话如果成立，剩下的只是训练和态度的问题了。

点亮剧场的灯火

从《荷珠新配》到《猫的天堂》所获得的成绩，从秀秀身上，从兰陵剧坊所有成员的身上，我看到了一股对剧场的热情，也看到剧场的新生机。

其实，台湾有实验剧并非始自今日，早在十几年前，《剧场》杂志的同仁就曾在实验剧上花过不少心血，并且演出过贝克特的《等待戈多》，引起普遍的争论。那时热心参与《剧场》的年轻人有黄华成、邱刚健、简志信、陈映真、陈耀圻、李日章、王祯和等，才气和热情都不亚于兰陵剧坊的诸君子，可是由于社会带来的阻力太大，《剧场》未能走出一条路来。

前些年，“耕莘实验剧团”在吴静吉、黄以功、周瑜、卓明等人的领导下，也曾披荆斩棘地奋斗过。我几年前看过他们演出的《望君早归》和《海葬》，我觉得他们有很好的实验方向，可惜因为社会无法接受，不得不结束几年的努力。

比起《剧场》，比起“耕莘实验剧团”，兰陵剧坊虽苦，还是幸运多了。由于社会的进步，民众对新艺术的接受能力增强，保守的反对势力减弱，发展实验剧的环境可以说已经成熟了。如果兰陵剧坊能不断推出好的实验剧，那么让它带动国内剧运往前走是毫无问题的。

兰陵剧坊目前遇到的最大的困难是经费问题，他们以前的两次演出，一次是“洪建全教育文化基金会”出钱，一次是“话剧欣赏会”支持，而这一次演出《荷珠新配》和《猫的天堂》所需的经费全是借来的，但他们满怀信心，希望用演出的收入来平衡开销。

由于上次《荷珠新配》的成功，许多人对兰陵剧坊充满了信心，像导演李行赞助了三万元，像吴静吉教授义务指导，像服装设计师徐荣昌义务设计服装，像他们正为找不到地方排练时，“大地艺廊”的负责人纪明龙慨然出借艺廊给他们排练……这是对兰陵剧坊的信心，也是对中国剧运将来的期望。

我经常思考中国现代艺术的来处与去处。我觉得，现代艺术正处在转折点上，文学、绘画、音乐、舞蹈、雕刻都经过“实验”，逐渐走向稳健，而电影、戏剧却还在起跑线上苦苦挣扎。

每当想起兰陵剧坊的朋友们，想起他们的热情、恳切、渴望，想起他们没有固定职业还每天跑去排戏，想起他们之间的友谊，以及他们群策群力创作的种种，我都深深地觉得感动——就像坐在暗处看好戏开锣，而剧场的灯突然亮起来一样的感觉。

我想起秀秀说的一句话：“没有任何一种表演，像实验剧给我带来这么大的震撼。”这应该也是兰陵剧坊诸友的心声吧！

思想起随风飘去的陈达

碰撞的一刹那，台湾民谣界的瑰宝就被撞碎了，陈达优美的月琴弦歌声成为绝响。他永永远远地逝去了，像一阵风飘去，只留下满地的凉意。

像一阵风飘去

时间：一九八一年四月十一日下午两点多。

地点：屏東县枋寮乡枫港村屏鹅公路恒春线招呼站附近。

人物：陈达，从幼年孤苦到老，领了一辈子贫民救济金，住过精神病院，享年七十六岁。

事件：老歌手陈达准备搭乘台湾汽车公司的恒春线班车返回恒春，他穿着老旧的衣服，蹒跚地横过马路；郑漠江驾驶着屏东客运八〇・一四三〇号游览车自远方疾驰而来，没有看见老陈达正在过马路。一声碰撞，陈达倒地，气息尚存，赶紧送往基督教医院急救，再转往恒春医院抢救，在途中死亡。碰撞的一刹那，台湾民谣界的瑰宝就被撞碎了，陈达优美的月琴弦歌声成为绝响。他永永远远地逝去了，像一阵风飘去，只留下满地的凉意。

遗物：一把曾经响过舞台的月琴、一张单人床、一台黑白电视机、一台手提收录音机、一张唱片、几张照片。

有人在耳边操兵练剑

陈达死了，当天报道他的新闻还不到两百字，但每个字都像一声锣，从街头响到街尾。凡是关心民间艺术的人听到这个消息，都是一声叹息：啊！陈达死了？被车子撞死的？真可惜！

陈达的一生仿佛就是几个问号和惊叹号串联起来的。他被埋没了大半辈子，最后被发掘出来，在音乐的舞台上展示着民间音乐的金光。这道金光好像在询问：为什么我埋没这么多年，你们把我挖掘出来，最后又抛弃了我？又好像在感叹：我唱的这些朴实而优美的歌，为何没有人再唱呢！

陈达曾经也想过自己的死。他晚年的时候，时常怀疑有仇人要害死自己，他说："有人天天在我耳边操兵练剑。"他还认为："我会被那个人害死哪!"他有时甚至不敢睡在床上，而是蜗居在湿陋的地上，因为他怕被人从床下一剑刺穿。他每日生活在这种无边无际的恐惧中——这是陈达自己设想的死法。

我也想过陈达的死。去年国际艺术节时，他来台北演唱。七十五岁的陈达忘了戴假牙来台北，脸上的皱纹一堆堆地皱在一起。我深深觉得，陈达真是苍老了，好像随时会变成枯槁、化作一团而去。

陈达演唱民歌时，根本不知道有"终场"这回事，因此他常唱得超过时间。我们设计了一种特别的落幕方式，就是当他的演唱时间结束时，就慢慢地把音响的声音关小，并让幕缓缓地落下来，使陈达在众人的目光中一点一点地隐去，使他的声音一丝一丝地随风远去。

那一次，陈达的演唱非常成功，而且落幕方式也很完美。我坐在台下莫名地感动，不知道为什么就浮起了"陈达应该这样死去"的念头。我总是浪漫地想象着艺术家的死，如果陈达死在舞台上，也许可以在他的悼词上写下"鞠躬尽瘁，死而后已"这样冠冕堂皇的字句。

可惜我们没有机会，因为陈达是过马路时被车撞死的，他死时，甚至连他背了一世的月琴都不在身边。或许陈达想不到自己会以这种方式死去，我们也想不到。老天总是喜欢嘲讽我们，总是喜欢跟我们开使人预想不到的玩笑。

永远唱不完的《思想起》和《四季春》

陈达从早年起就开始了凄苦寂寞的日子。他和生长在日据时代的老一辈乡人一样，没有受过教育。他曾和我谈起他的幼年时代，他说他的祖母是个“番婆”，他有四分之一的山胞血统，所以他身上也流淌着山地同胞喜欢引吭高歌的血液。

陈达有四个哥哥和三个姊姊，但是全都很早就过世了，并没有给陈达留下多少印象。唯一留在陈达印象中的一个兄弟是他的大哥，他大哥曾是村里的民谣好手，很会唱喜庆的歌，很受村人欢迎。陈达有许多歌是他大哥教的，包括他后来时常唱的《牛尾伴》——牛尾伴是一种清唱曲，是乡间用来祝贺女子出嫁或吃满月酒的民谣。

除了听大哥传唱以外，小时候的陈达也爱蹲在庙口前庭听下工的农民唱歌自娱。他听着听着，竟也默记了许多在乡间流行的民谣，于是“在不知年岁的小时候”，陈达已经学会了《四季春》《思想起》《五空小调》《牛尾伴》等曲。他在音乐方面确实有一种天生的禀赋，加上他善于联想，取材现实事物，他不但保留了这些曲调，还丰富了民间歌谣的旋律。他的口中，永远有唱不完的《思想起》和《四季春》。

十七岁的时候，陈达跟着邻居老人学会了弹月琴，从此正式开始了他长达六十年的吟唱生涯。

陈达生长在南部农村的艰苦环境中，他并没有怨尤。他最快乐的时光是每天村民下工回家的时候。那时，大伙儿就会聚在庭院里或庙前唱歌、弹琴、吹笛、拉二胡。陈达自己说他拉的一手好胡琴，可是胡琴不能拉出他要唱的歌，而且他三十九岁时患了半身不遂的病症，左手不灵便，他便永远地放弃了二胡。

陈达歌唱得不错，很快就成为乡间著名的歌手。他四处唱歌，换取微薄的收入度日。但是，唱歌到底是无法维持生活的，加上日据时代推行“皇民化运动”，陈达的公开演唱遭到禁止，他甚至因唱歌曾被关进警察局。这种种原因，使陈达不得不从事其他的劳力工作。

他做过大户人家的长工，帮人家放过牛，做过泥水匠、打石工、木炭工，在农忙的时节帮人收割甘蔗或稻子。这些劳碌的工作，并没有让他放弃歌唱，他生活中唯一的娱乐就是和乡间的百姓同歌共唱。

陈达的“半职业歌手”生涯，一直到他三十九岁时结束。那一年，他莫名地患了半身不遂的病，他的生命迈入了一段长时间的黑暗时期。

背负沉重的招牌

正值壮年的陈达半身不遂，既无法从事劳动营生，也不得不丢下他的月琴，沦为恒春镇公所[①]中登记在案的“一级贫民”，依靠每月数百块钱的微薄救济金过活。他住在由土块堆成的老屋中，生活之贫困，使他无论如何都无力就医。那一段时间，陈达心情的落寞是可以想见的。

---

① 镇公所：镇政府。

陈达放弃月琴长达二十一年，天可怜见，在他六十岁的时候，他的病奇迹般地痊愈了。他复原后的第一件事就是拿起月琴来唱歌。陈达无怨无尤，他的生活闪烁着快乐的火花。

两年后，陈达六十二岁，一九六七年七月二十八日，民族音乐研究中心民歌采集队的史惟亮、许常惠等人，在恒春找到了陈达，从而掀开了隐蔽了六十年的帷幕，录下了陈达感人的吟唱歌声。一九六九年，《民族乐手陈达和他的歌》的唱片的发行和书籍的出版，引起了台北文化界对陈达的重视。

从此，陈达背负起了“民族乐手”这块沉重的招牌。

就像每一块被挖掘出来的瑰宝一样，陈达成了大众传播的焦点，登报纸、上电视，他很快名闻全台湾。在稻草人餐厅演唱时，他也广受许多年轻人的喜爱，赢得了无数掌声。陈达背负的招牌更多了——“民族音乐遗产”“民间音乐瑰宝”，等等。

种种荣耀的背后总是十分晦涩的，陈达的生活唯一得到改善的是镇公所帮他翻修了五坪大的房子，房子里增加了几件财产：黑白电视机、手提收录音机，还有参加歌谣比赛所得到的奖状和锦旗。

但是陈达的健康却一日比一日坏了。他的牙齿全部脱落了，唱起歌来一天比一天吃力；他的手开始颤抖，弹琴也日渐吃力；他甚至患了严重的幻听症，常听到他的仇人要害死他。

为云门舞集配录了《薪传》的音乐以后，陈达的幻听已到了不可收拾的地步。他先是被送入南部的精神病医院，后来北上就医，住过私立疗养院，然后在台北市立疗养院治疗了三个月。这些病一日一口，正慢慢腐蚀着我们的民族乐手。

一生都是“十一哥仔”

晚年的陈达，只为我们留下了一些数字记录：

一九七八年三月三十一日，参加淡江学院为他办的“民谣演唱会”；

一九七八年十月，为《薪传》配歌；

一九七九年，全年都在疗养中；

一九八零年三月，参加国际艺术节，并在台北国父纪念馆演唱；

一九八零年起，“洪建全文化基金会”每月给陈达寄两千元，补助其生活。

这些有关陈达的社会活动的数字记录，都没有他个人的数字记录来得惊心。他早年的时候，父母、兄弟、姊妹全都过世了，只留下他一个人；他一辈子没有能力娶妻生子，孑然一身；他拥有的最大的财富是一把月琴；他有很多朋友，但没有一个能真正进入他内心的世界——陈达的数字，除了“零”就是“一”。

他还有一个时常挂在嘴上的数字——十一哥仔，他说：“算命的早就对我讲过，我注定一世孤单。他讲得很对，我到现在还是个十一哥仔。”

“十一哥仔”就是乡下人对单身汉的称呼。对年轻的单身汉而言，这个词有嘲讽的意思；对年纪大的单身汉，却是悲凉的告诫。

陈达在最后几个月离开了台北的万丈红尘，回到了他自己的土地，他生长的家乡。每天，他亲自下厨做着简陋的三餐，闲暇时就搬出他的藤椅，唱他的《思想起》。听过陈达唱歌并且能听懂他即时创作的歌词的人，很难不为他横溢的想象和敏锐的观察所折服。

陈达不仅是个民族乐手，也是个写实诗人。他为我们唱的史诗《薪传》史诗是如此气魄开朗、活泼生动!

如今，陈达的数字、陈达的歌声、陈达的史诗，都在向晚的凉风中永远地飘去了。

在风中飘荡的信息

陈达被汽车撞死的第三天，也就是四月十三日，我打电话到恒春镇公所询问陈达的遗体的下落。镇公所竟然也不知他的尸体在哪里，只知道他在送往医院的途中死去了。

后来我们没有再找陈达的尸体和他的月琴，因为对于一个永恒的歌手而言，他的身体和他的琴都在其次，重要的是他的歌声和他的琴艺留了下来——这一些在风中飘荡的信息，或许有一天会再次萌芽。陈达未死前，我这样期待着，陈达死了以后，我仍是这样期待着，虽然我们再也不能热情地叫一声“阿达仔伯”，也不能听他那一声亲切而沙哑的应答了。

带你去见洪通

举目所见，一切都是那么安详、和谐、开阔，似乎这里出一个洪通也是理所当然。这里的乡村小道平直畅顺，汽车可以快速在上面奔驰。

流星的传奇

“洪通”这个名字不管是在艺术界，或在社会上都是一个流星的传奇。

一九七六年是洪通最红的时候，他成了当时最引人注目的新闻人物，有一段时间，几乎天天都是报纸上的头条新闻。电视台、广播电台天天跟着洪通，甚至在南鲲鯓庙前卖金纸的他的太太都成了争相访问的对象。

洪通和朱铭几乎是一起崛起的。一九七六年，洪通在美国办展览会，朱铭也在他对面的历史博物馆办展览会，同在一条街上，朱铭展览会的热闹就远不及洪通。记得我去看洪通的展览会时，一条长龙排到重庆南路，我排了一小时队才进入闹哄哄的会场。我常跟朋友说那一年是“洪通年”，那一次展览是“洪通风暴”，多年来我看过几百个画展，没有一次像洪通展览会那样要排队才能看到的。

曾几何时，洪通真像一颗流星一闪一样消逝了，虽然人们谈起美术的时候终不免会谈起洪通以及他带来的那一次震撼。洪通的新闻也陆陆续续在报纸上出现了，但人们只是在好奇心的驱使下，把他当作茶余饭后的谈资罢了。

洪通并没有因为他本人的“好年冬”而使生活得到改善，倒是那些出版他的画卡、画册的人发了一笔小财。

他又跌进了过去简单而贫困的生活中，不同的恐怕是他的心境——从一文不名的乡下人，恍惚之间成为有名的大画家，转眼却又成空，这种从高处往下跌的经验一般人都受不了，何况是非常人的洪通！

“洪”运不亨“通”

我一共访问过洪通三次。

第一次是一九七六年，洪通刚刚结束民众的“疯狂的关注”，回到他南鲲鯓的老家；第二次是一九七九年，洪通在穷困潦倒之际，在家附近搭了一个蜗牛架子养蜗牛；第三次是一九八〇年冬天，洪通在台南县北门乡蚵寮村王爷庙庆典当乩童以后，那时他大儿子患肝癌去世了，他自己的病刚刚痊愈。

这三次经验使我很难忘怀，我也不知道自己为什么这么关心洪通，每次采访路过南鲲鯓，我总是忍不住要去探望他。每次探望都使我有许多锥心的感触——人世的变化真是大呀！

记得我第一次去看洪通，在鲲鯓庙前随便问一个小孩：“知道洪通住在哪里吗？”那个小孩脸上立刻飞扬出兴奋的神色：“哦，朱豆伯仔，我当然知道！我带你去。”洪通那时是南鲲鯓的光荣，因为电视和报纸，洪通成了连小孩子都崇拜的人物。洪通那时神采飞扬，脸色红润，他虽然很少说话，但一直微笑着，不拒绝拍照，也喜欢拿他自称为“国宝”的画给我观赏，快乐洋溢在他脸上。

第二次去看洪通，他带我去看他养的蜗牛。他戴着读高中的儿子的大盘帽，蹲在蜗牛棚架旁和我谈起生活的许多苦，并且说养蜗牛可能会赚大钱。那时他的神情落寞，话讲得更少了，问一句，他点点头或摇摇头，问好几句，他才答一句，我发现他苍老了许多。

通过前两次采访，我与洪通建立了友谊。我常常想起他来，想起他那个对生活毫无怨尤的伟大的妻子“朱豆嫂仔”，因此时常撰文报道他的近况。后来当得知他负担家计的儿子患肝癌去世，得知他又重操乩童的七星宝剑把自己砍得头破血流，不禁在长夜的灯下忧叹起来。

想起洪通的一世，这个老人实在是运道不好，而他的运道主要还是操在他自己的手中。当他最走运的时候，有人出价二十万买他的一幅画，他却开价五十万（比齐白石的画还贵两倍），把买主都吓跑了，最后连一幅画也卖不出去。后来有一位法国的原始艺术收藏家从巴黎跑来台湾向他买画，他竟不愿意零售，全部的画一起卖，要价五百万，把法国收藏家吓得张口结舌，只好失望地走了。

洪通不卖他的画，主要有两个原因：一是他和社会脱节，不知道一张画值多少钱；二是他觉得自己的画是“国宝”，是无价的。

对于一个不事生产的人，只靠妻子卖金箔纸得来的微薄收入维持基本生活，不卖画，生活是不可能改善的。洪通并不是不知道这个道理，只是他的道理更为简单：“洪通，‘通’就是名通四海，我的画会成为国宝的。”

苦闷的象征

第三次去看洪通。

去南鲲鯓的路上，右边是一望无际的白色盐田；左边是绿野平畴，上面是一畦畦农人辛苦耕耘的稻作，翠绿得像要滴出油来。田中偶有红砖小屋，使人想起台湾的古名就叫“鲲岛”，那些田园屋瓦上到处都有祖先开拓过的痕迹。

举目所见，一切都是那么安详、和谐、开阔，似乎这里出一个洪通也是理所当然。这里的乡村小道平直畅顺，汽车可以快速在上面奔驰。

我们飞也似的赶到鲲鯓庙，并且找到了洪通的妻子。南鲲鯓的太阳很大，即使是冬天也很耀眼。洪通的妻子和一般朴实勤奋的乡下妇女一样，戴着斗笠，头上包扎着花巾，双手戴着与花巾同色的下田耕作时用的长布套，以防止太阳晒。知道我们的来意，洪太太有些腼腆，笑起来露出三颗镶了金边的牙齿。

我们本来可以不必找洪太太而直接去见洪通的，可是洪通的脾气怪异，等闲人敲不开他终年紧闭的大门。

我们到洪通家时正是中午，阳光洒在他家的庭院上、屋顶上，格外有一种光明万丈的气势。

洪通的家是个小小的三合院，从正门进去是客厅，远远就看见供桌上供奉着一尊庄严的王爷神像，客厅的墙壁上挂了三幅他早期的画，有两幅画在纸上，一幅直接画在镜框里的三夹板上，造型可爱，颜色鲜艳。除了王爷神像、画、神案和几张破旧的藤椅，客厅里就没有其他东西了，可见主人生活的穷困。

客厅的西边是洪通个人的居室和他的画室，墙上符号一样的画，屋顶上还长了好大一丛杂草，画室的木门紧闭。据洪太太说洪通自己囚闭在这个画室里，有时一天不迈出室门一步，三餐都是从门下塞进去给他吃的。

“夏天他也这样关着吗?”

“是呀，不知道他怎么受得住!”

不要偷抄我的图

洪太太走过去叫门：

“阿豆仔，阿豆仔，有人找你，要见你。”

“阿豆仔”是洪通的小名，附近比他年长的村人都这样叫他，而比他小的则叫他“朱豆伯仔”，这个名字的起源已经不可考了。

“啊?什么人?”洪通从门缝中露出一只精闪闪的眼睛。

洪太太拉我到门缝前，说：“是林先生，来看你两次了。”

洪通迟疑了半天，才想起来似的叫道：“哦，是林仔，来做什么?”他好像没有开门的意思。

“来看你呀。”我说。

洪通撑着门：“有什么代志，这样说就可以了。”

“要见到你的面才有趣味，想要看你最近的图。”我说。

他迟疑了半天没有答话，终于，门“吱呀”一声打开了，阳光一下扑进了屋里，我这才感觉到洪通的画室有多么阴暗。他仍旧戴着他的毛线帽，比以前清瘦多了，也苍白多了，到底是六十一岁的老人了。他穿着白色短袖衬衫和皱巴巴的灰色裤子，记得他以前对我说过，他终年要戴帽子，因为他的头是“八卦头”，拿掉帽子会破了八卦，会歹运。他全身上下，只有两只黑白分明的眼睛还像以前一样有神。

洪通的卧房兼画室大约有五坪，由于长久窗门紧闭，没有接触阳光，房里有一股霉味和汗臭味。里面有一张床、一张桌子，床上有蚊帐，四周堆了许多零乱的东西。他的画则一幅幅被卷起来放在床上的最里侧。

我走进去，洪通看见我身上背的照相机，马上指着说：“这个不要带进来，你带进来我就把门关了。”

我只好把照相机留在屋外，我说："近来好吗？"

"有什么好！感冒刚好了不久。"洪通眼皮垂得低低的。

我说要看他的画，洪通马上眼睛一亮，爬到床上，从里侧找出他的近作，一幅幅展示给我看。他那光怪陆离的想象世界一刹那全鲜活起来了。洪通的画有一种不能形容的特质，仿佛他画中的人物、色彩、线条都在跳跃着，是一个新奇的扭来扭去的世界。

有几幅"鸡母珠画"，是把一粒粒的鸡母珠贴在画上，一幅画恐怕贴了千万粒吧，由此可见洪通画画不光是凭他的狂热，里面还有他相当纤细的一面。

"近几个月有没有画新的？"

"无，我大子死去了，我又生病，哪还有法度作画呢？"他哑着嗓子说，"你若要看，我隔壁房间有很多以前画的。"

"好呀！"我说。

洪通看我那么兴奋，迟疑了一下又变卦了："不行不行，会给你抄去。"

"看一下有什么要紧？"

“这年头，抄的人多，不能给你看。”

“你想不想再到台北开个画展？”

“我想，可是台北的人很多会骗人，我怕我的图被他们借展览之名骗去，这些图价值连城，不是开玩笑的。”

我只画我看得起的

我与洪通说话的时候，洪太太都依在门边倾听，她插嘴说：“请你到台北帮他留意。”

洪通抬起眼皮，横眼看了太太一眼。

“你有没有画过你太太？”我问。

“我看不起。”洪通摇摇头说。

“是不是看得起你才画？”

“当然，看不起我画他干什么？”

照相会吸元气

我们谈到他死去的儿子，这个一向不管世俗的素人画家也不禁露出浓浓的悲伤，伤子之痛溢于言表。

洪通这辈子实在没有走过什么洪运。他出生时父亲死了；四岁的时候，母亲也跟着去世了。他从小替人放牛、挑水，青年时代在高雄做杂工，结婚以后回到南鲲鯓，住在破窑里靠捕鱼、做零工度日。他是个安分守己的人，虽然孤僻、固执，但是与世无争。

五十岁以前，洪通几乎与任何一个乡下贫苦的老百姓没有异样，他辛苦赚钱养家，春秋佳日还会上坟去祭扫他毫无印象的父母，和邻居也处得很好。

五十岁的时候，洪通突然发狂了。他疯狂地作画，丢下家庭的生计，把自己关在小房间里，蹲着坐着都在画，有时还彻夜不眠，通宵作画，并把他的画用麻线挂起来，在鲲鯓庙前展售。南鲲鯓的人都说“朱豆伯仔起疯了”，认为他是在“作疯画”，他说要留名于历史，大家说他在“说疯话”。

接下来是一连串的暴起暴落。

算起来，洪通作画也有十一年了。

我问他："你当初为什么突然作画?"

"有神在指示我啊，不画也不行。"洪通没有读过书，他说起他第一次提起画笔，心中就激起一阵狂喜，下笔不能自休。

"我第一次作画时，闪电交加，我在雨中打伞作画，停都停不住。"

洪通用行动证明，他作画事实上有一种独异的才华，那是出于本质的，是出于自然的灵思倾泻。到底是神明作画，还是洪通作画，连他自己都说不上来。

我们聊了很久，我希望洪通让我拍一张独照，他连忙拒绝："不行，照相会吸元气的。"

"怎么会?"

"你看无缘无故被摄成自己的样子，元气一定飞进去了。"

同样，洪通也拒绝录音，他认为录音机也会摄去人的元气。

我说了很久，洪通被我说动了，但是只准我拍一张照片："只能拍一张，多就不行了，我现在身体虚。”

秘密的慰藉

一直到黄昏夕阳快落山的时候，洪通说他要休息了，我才告辞离开。走的时候，洪太太一直叮咛我留意洪通在台北开个画展，因为他们现在的经济实在太糟糕了。

我听了鼻子发酸。

我对洪通的价值和意义一直是持肯定态度的，对他异于常人的品性也可以理解。

我认为一切撼人的艺术，在艺术创作者的内心深处都有一股强烈的挣扎和冲突，洪通也不例外。他中年以前遭遇了生活的困穷和强烈的压抑，当挫折无法派遣时，他只好自己寻找一种秘密的慰藉。洪通的秘密慰藉是“艺术”和“宗教”，他五十岁时疯狂作画和后来去当乩童都不是太让我意外的事。

他的作品确实是独一无二的，也许经不起严格的艺术分析，但是他绝对是个杰出的素人画家。有一次，画家席德进对我说：“洪通的画完全是他自我的反射，里面有很多有过学院训练的艺术家可以学习的东西。”

一个艺术家应具备的两个条件“才华”和“热情”，洪通都有了。

洪通最让我尊敬的，是他对艺术追求的执着精神。他自我肯定，有自己的一套价值观，即使站在任何一个有钱有势的人面前，他也毫无愧色。

洪通是我们社会的一块瑰宝，问题是，为什么没有人为他举办第二次画展？为什么当年靠洪通捞过油水的人都遗弃他了呢？

在雾里生活

当媒体成为广告的附庸，记者为广告公司设计文案，往往使阅听者心里没有防线，『广告新闻化』，媒体的公信力和记者的公正形象，久而久之就被破坏无遗了。

儿子带着一张报纸冲进来说：“爸爸，听说林青霞也有暗恋的人呢!”接着他读了一段报纸的记载：“林青霞表示和秦汉是很要好的朋友，可能是一辈子的朋友，但不一定会结婚，言下之意林青霞的婚姻也可能生变。”

“林青霞暗恋的对象是谁呢?”我问道。

“报纸上说她欲言又止，说现在还不宜公开。”儿子说。

儿子把报纸递给我看，这一则新闻是报纸头版的大新闻，后面还有括号说详情请见第 X 版，翻过去竟然有整整半个版，隔版有一个半版的广告，原来是林青霞的新片要上演了，记者硬是制造出来的新闻。这在大人眼中不足为奇，对小孩子可就是奇事了。

“爸，为什么每次有电影要上演，电影明星就会谈恋爱呢?”

“哦，那不是电影明星在谈恋爱，而是电影公司和记者在谈恋爱，广告商和报纸在谈恋爱，因为那些都是广告呢！如果不这样，你们这些傻瓜怎么会去看电影？不只电影，电视剧要推出前，就有电视演员会谈恋爱，甚至自杀或出车祸获救，自杀的原因可能是角色的压力太大，过于投入的关系；车祸的原因可能是日夜拍戏，用心过度的关系。可见那电视剧有多么高难度、多么好看了。唱片要推出前，通常就是歌星抛弃男朋友或被男朋友抛弃，原因是为了把歌唱好，几个月没有和男友见面了，可见牺牲有多大，当然，那歌一定是好听的了。”我向孩子解释了影剧界的人怎么样做广告的方法。

孩子说：“爸，您怎么会这么清楚?”

“别忘了，爸爸以前是新闻记者哩!”

“我懂了!”然后，孩子就跑出去玩了。

我坐在书桌前面。

广告或广告手法在这个时代、这个社会是必要的，可是如果媒体传播成为广告的附庸，那实在是非常可悲的事。因为一般在媒体上的广告，是以广告形式出现的，阅听者还可以有理性地选择，可是当媒体成为广告的附庸，记者为广告公司设计文案，往往使阅听者心里没有防线，“广告新闻化”，媒体的公信力和记者的公正形象，久而久之就被破坏无遗了。

特别是在这样的时代，广告不再是“广而告之”，通常是夸大而煽情的，再夹着强大的“利益输送”和“议价空间”，媒体如果不能善尽良知做把关的工作，就会像丢在信箱的广告纸，没人要看了。

以演艺人员为例，如果我们想通过媒体了解他们，我们会觉得他们是生活在雾里的人，或者说是外星球的人。他们喜欢穿比基尼泳装，却很少有人会游泳；他们追逐名车华宅，不是这个买了新车，就是那个在装修新家；他们都养宠物，比谁的宠物名贵；他们都谈很多次恋爱，情人却十分秘密；他们都在不断地换衣服，听说有人一辈子天天穿不同的衣服……为什么媒体传达的是这种形象呢？这就是“新闻广告化”的结果。

有时候想来，记者若不能脱离广告，实在是可悯的。

例如梁家辉和珍·玛奇演了一部《情人》，床戏很多，甚为逼真。

电影上演前，记者用半个版推测哪些床戏都是真的。

电影上演中，记者再用半个版讨论床戏可能是真的、可能是假的。

电影下档前，记者又用全版报道梁家辉郑重否认床戏是真的，因为他是很重视自己家庭的人。

电影终于下档了，记者还是以半个版刊登法国少女珍·玛奇的证言，她说："我对梁家辉没有情欲，怎么可能来真的?"

哇！读这种报纸还可以神志清明，足可媲美爱因斯坦的智慧了。

真正活在雾里的，可能不是明星，而是记者。

蓝天与黄土地

人活在世界上，难免会有挫折和痛苦，但是当我们看见黄土地依旧时，就得到了安慰。但愿有一天，我们抬头挺胸的时候，全天下都是黄色的。

当蒙古族歌手腾格尔背对着观众唱出“八千里路云和月”时，他的声音仿佛要穿过台北社教馆的屋顶，冲上天空。然后，他转过身来深深一鞠躬，赢得了最热烈的掌声，因为眼前这一位留着长发、蓄着大胡子、穿着牛仔装的青年不仅来自内蒙古，也是四十年来第一位来台湾演唱访问的大陆歌手。

对于腾格尔来说，台湾的听众应该不陌生，因为他的唱片早就在台湾发行，口碑非常好，他为电视节目《八千里路云和月》唱的片头、片尾曲，只有短短一句，但声音却像在青青草原上盘桓的苍鹰，在天际漂流。

我们很难形容腾格尔的歌声，他的歌声深沉、辽阔，带着沧桑和悲哀，有一种朴实和深厚，真的就像站在内蒙古草原上极目四望一样。记得他的唱片上这样形容：“他的音色宽广而富于变化，歌声高亢、豪放、深沉、悠远，充满着一种绝对男子的阳刚之美。”

是呀！那最动人的是阳刚之美。近些年来，世界歌坛流行“中性”“无性”，甚至“变性”，不论男女，歌声都是棉花糖一样软绵绵的，听起来十分蓬松，滋味却只有一点点，阳刚的歌手已经百无一见了。

听腾格尔的歌最动人的是那种旱地拔葱的男子气，雄浑、壮阔、震撼人心。

除此之外，腾格尔的歌感人的原因还有他与土地、自然之情。一九八七年五月大兴安岭发生大火，他写了一首《我的兴安岭》，表达了一位内蒙古青年珍视故乡的悲情。这一次来台湾，他唱的大部分歌曲都与故乡有关，像《苍狼大地》《你和太阳一同升起》《我热恋的故乡》《唱给黄河听》《红高粱》《黄就是黄》，等等。比较起来，我们在台湾的歌手，唱情歌好像唱得太多了。

“腾格尔”这三个字，听说是蒙古语是“蓝天”的意思，我们听他的歌，很容易就联想到黄土地、绿草原、蔚蓝的天、滔滔的江水。他在演唱会上接受陶晓青的访问，说他自己爱写大自然的歌，爱唱大自然的歌，因为大自然中有丰沛的力量和感情。

在大陆歌手的第一场台湾演唱会上，腾格尔以他丰沛的感情和高亢的歌声打动了现场的观众，可以说为两岸文化艺术的交流打了一个很好的基础。

腾格尔的歌是唱得很好，观众也很热情，但由于筹备时间仓促，这次的演唱会还有一些不足，例如现场的配乐音响过大，几乎就听不见主唱者的歌声；例如整个策划风格就像为青少年准备的热门音乐会，而现场的听众却以中年人居多，显得格格不入。

再者，因为大陆艺术家来台演出，不可为营利而大肆售票，导致想听的人买不到票，拿到票的可能不想听。一直到开场时还有三分之一的空位，而外面却大排长龙，与上次杨丽萍来跳舞时的情况如出一辙。其实，想要真正不营利也很容易，把售票的收入全捐给海峡交流基金会不就解决了吗？

在演唱会的最后，腾格尔唱了他的最近作品《黄就是黄》。他说："人活在世界上，难免会有挫折和痛苦，但是当我们看见黄土地依旧时，就得到了安慰。但愿有一天，我们抬头挺胸的时候，全天下都是黄色的。”然后他拿着一面黄色的旗帜，唱着一句重复的歌词：“黄就是黄……”

唉，要让全天下都是黄的，如果中国人不互助互爱，可能还是非常遥远的。

演唱会完了，我在社教馆叫不到车，漫步走回家，一边走一边想着：蓝天与黄土地依旧，但是中国统一似乎还有很长的路要走。

快打旋风

电动玩具只是玩具，它并无善恶，但人有善恶，环境有好坏。电玩若能善加利用，对于孩子的教育、思想的引导，可能也有正面的功能。

一个朋友，看他的孩子沉迷于电动玩具，感到非常不能理解：“每天对着小小的屏幕，重复着相同的游戏，究竟有什么意思呢?”

有一天，孩子睡觉了，他的工作也告一段落，就把孩子的电动玩具拿出来打。不打还好，一打大为吃惊：“原来电动玩具这么好玩!”接着，他从晚上打到深夜，深夜打到凌晨，凌晨打到黎明，一直到小孩要上学才停止。这时他才发现自己的手不能动了，而且疼痛不堪，送小孩上学后，他直接去医院检查。

医生开的诊断是：肌肉操劳过度，导致僵硬，手腕由于用力过猛，骨头裂开，必须开刀矫治。

朋友的手一个月以后才复原。他的孩子知道了，怪他说："爸爸，你要学电动玩具也不叫我教你，打电动不必那么紧张和用力呀！"

现在朋友的电动玩具打得不错了，时常和自己的儿子对打，有什么新的卡带上市，他都会带孩子一起去试打、挑选。从前因为孩子打电动而造成父子关系紧张的状况一扫而空，那以后，父子俩过着幸福快乐的日子。

另一位朋友也为孩子打电动而烦恼，却又不能禁止孩子打电动，因为电动玩具无所不在。

于是，他每次只给孩子二十元，一次只让打三十分钟。孩子总是哭丧着脸哀求："爸爸，现在最流行的'快打旋风'，一场只有九十九秒，二十元怎么能打三十分钟呢？"

孩子每天做完功课，最渴望的就是出去打电动，弄得朋友夫妇苦恼不已。

有一天，朋友发了狠，陪孩子到电动玩具店看看，自此迷上了"快打旋风"。每天下班回家，吃完晚饭，他们就急着去打电动，妻子规定：一次只能给一百元，一小时之内回家。

他总是哭丧着脸哀求："太太，'快打旋风'一场只有九十九秒，一百元怎么能打一小时呢?”

这两个故事都是真实的，没有打过电动玩具的大人很难理解，为什么小孩子会沉迷呢? 其实，沉迷于电玩的大人不会比小孩子少。

有一天我路过一个巷道，看到几家电动玩具店都开在一处，信步走进去看看，发现满屋子都是大人，孩子反而很少，其中有两家店里面只摆着一种电玩，就是目前最流行的“快打旋风”。

“快打旋风”是日本超级任天堂开发的一款游戏，也是目前电动玩具店的“发烧卡”，已经在全世界为任天堂带来了数亿美金的收入。

最近，任天堂发行“快打旋风”的家庭卡带，定价为一千多元的卡带由于限量发行，在黑市竟然卖到三四千元，加上超级任天堂的主机和阿波罗游戏杆，一套电玩的价钱超过一万元。更厉害的是，日本人出版发行了许多《快打旋风特辑》《快打旋风必杀技》等书籍，印刷精美，内容丰富，有的读起来就像科幻小说一样。这些书籍甚至引进了中文版，成为中小学生中最流行的课外书。

光是一款“快打旋风”就席卷全世界，带来庞大的商业与文化利益，整个电玩事业之惊人可想而知。

电动玩具虽是小道，却已经是现代生活中大有影响的事物，这一点我们从满街的电玩店、处处卖卡带的摊子可以看出来。

我们是不是也应该花更大的心思来关心和思考它给生活、文化带来的影响，从而给它一个更好的发展空间?

例如在各级学校的体育室旁设一个娱乐室，让学生用正当的态度打电玩，一方面说不定可以增加学校的经费，另一方面可以从电玩的整个背景来看商业的运作和社会。而且，还可以从电玩的设计引导学生学习计算机及程序设计，也算是很好的计算机教学方式。

电动玩具只是玩具，它并无善恶，但人有善恶，环境有好坏。电玩若能善加利用，对于孩子的教育、思想的引导，可能也有正面的功能。

所以，我劝那些无端反对电动玩具的老师和家长，何不亲自下场，试试“快打旋风”的魅力?只有这样才能够理解为什么我们的孩子会沉迷于电动玩具，从而来正确引导他们呀!

素面相见

其实，买月饼、买茶叶和选贤任能道理是一样的，买『平装版』可能比『精装豪华版』要保险一些，素面相见比华丽登场更真实一些。

从美国回来的朋友来看我，带了一罐四两装的茶叶给我。似乎不是普通的茶叶，外面以金色的包装纸密密实实地包着，撕开以后是一个红色的硬纸盒，打开纸盒是一个陶罐，再开陶罐，一个银色的塑料袋装着茶叶。

四两的茶叶倒出来，正好可以装满一个马克杯，可是那个装茶叶的纸盒，装四个马克杯都还有余！

我们这个时代重视包装，不独中土，世界都如此。朋友说，在欧洲或日本，包装已经“走火入魔”，人们花在包装上的钱早已经超过事物本身的价值。

例如买一朵玫瑰花送女朋友，先要把玫瑰花固定在美丽的金色纸盒上，然后加一条红丝带。

例如要买几块巧克力送人，每一块巧克力都用锡箔纸包好，然后装进挖洞的铁盒子里，外加精美的包装纸。

例如水果要放在藤篮里，拿出来的时候，往往会发现篮底的水果早就坏了。

例如几块香皂装在一个大礼盒里，内心充满期待地打开，却发现只是几块香皂而已。

例如欧洲有些香水公司以大桶卖香水，以盎司计价，消费者可以先挑自己喜欢的瓶子，再装香水，有些瓶子价格竟是香水的十倍以上。

这些例子早就不只发生在欧洲、日本，在我们台湾地区，也天天都会遇到这样的现象，使我们忍不住要思考一个严肃的问题：过度华丽的包装，如果不能与内容相匹配，是不是正显示出我们这个时代的虚浮呢？如果住在台湾的人，每人每天用一个塑料袋，一天就有两千万个塑料袋，想想就会不寒而栗吧，这已经不只是虚浮了，也是破坏。

现在，全世界都掀起了“绿色包装”的风潮，即以不会破坏环境的材质来包装，像以铁盒取代塑料制品，以纸袋取代塑料袋。但是，绿色包装仍然是包装，想一想，中秋节如果有一千万个礼盒，光是浪费在盒子上的钱就难以计算了。

中秋节快到了，我们想想月饼的改变，就可以知道包装之害了。二三十年前，月饼的包装甚至都不用塑料袋，而是用油纸，一个月饼的价钱与一个有馅儿的面包相差不多。现在的月饼，里里外外的包装纸，最少的有三四层，最多的有六七层，以至于月饼价格大涨。如今，一百元一个的月饼已经很少见了，就连最普通的月饼一个都要两三百元。二十年的时间，原本同价的月饼和面包，现价竟然相差三十倍，其中的不合理可想而知。

一个月饼最重六两，一两要三四十元，而最上等的白米一斤还不到二十元——想到这里就忍不住要学老辈说一句：“夭寿哦！这凸肚短命的！”

因此，对于包装，最基本的是绿色包装。根据最近的美国盖洛普民意测验的调查，环保做得好的企业，可获得民众、政府和媒体的支持。这些企业一方面可以回馈社会，一方面可以改善自己的形象，还能在民众心中留下深刻的印象。可以说，如果一个企业不走“绿色市场营销”的道路，就赶不上时代，就是没有远见的。

然而，绿色包装还是不够的，最好是让包装更朴素、更简单，返璞归真，不要在包装上花费太多金钱。今年的月饼业者，同时推出两种包装的月饼，我们可以称之为“豪华版”和“平装版”，月饼都一样，价钱却不同，以此来测试消费者的消费趋向。我觉得这是一个机会，让我们可以一起行动起来，表达出我们对朴素简单的愿望。

在这个过度包装的时代，东西的包装问题还不是最严重的，更严重的是人的包装。那些经过包装的偶像、明星，有几个是真正会唱歌、演戏的？那些慷慨激昂的政治人物，有几个是真正为人民谋福利的？那些居华厦、坐名车的生意人，有几个是真正有良知的？

其实，买月饼、买茶叶和选贤任能道理是一样的，买“平装版”可能比“精装豪华版”要保险一些，素面相见比华丽登场更真实一些。

想要弹同调

逝者已矣，来者可追。

在这个飘摇的年代，我们应该用更恳切的心来面对本土的文化、本土的歌，甚至面对我们的乡愁。

凤飞飞最近出了一张唱片，这是她离开台湾之后的第一张闽南语唱片，其中收录的歌曲距今已经有四五十年的历史了。凤飞飞带领我们穿越时空，她希望用线把这些歌穿起来，因此，唱片的名称叫《想要弹同调》。

这一张唱片之所以值得聆听，是因为它所收录的歌谣，曾被淹没于时代历史之中，是重新被发现的。除了人人熟知的《望春风》《淡水暮色》《阮若打开心内的门窗》，其余的歌谣都是第一次被演唱，被制作成唱片。这些歌谣流过了数十年的时代暗流，其珍贵可以想见。

台湾歌谣的历史，正如它所显现的内容一样，充满了悲情意识。从二十年代开始，许多台湾本土的音乐家就发现唱自己的歌是多么必要，于是开始创作歌曲。但是在日本殖民统治时期，一般人的心情是十分苦闷的，生活也很艰辛，因而早期的台湾歌，词意都悲哀伤感，有一些歌到现在唱起来还会让人落泪，可以说是殖民时代的台湾人心灵的缩影。

从二十世纪初期到五〇年代，台湾出了许多了不起的音乐家，像邓雨贤、李临秋、许石、周添旺、姚赞福、陈达儒、吕泉生、王昶雄、陈秋霖、杨三郎、洪一峰，他们为时代写下了心声，甚至超越了时代，为艺术留下了巅峰的作品。

在现代，一首流行歌曲如果能被传唱三个月，就已经很难得了。但是那个时代的歌曲，像《月夜愁》《白牡丹》《望春风》《秋风夜雨》《河边春梦》《补破网》《孤恋花》《阮若打开心内的门窗》《雨夜花》《卖肉粽》等，一直流行到现在，并且每一年都有当红的歌手重录唱片，销量甚至胜过某些偶像歌手。最近的例子是陈淑桦的《淑桦的台湾歌》，听说销量超过三十万张。

由此，我们可以看出台湾早期的歌谣有多么强的生命力。那优美的旋律、充满感情的歌词，到如今都还感染着我们。我每次在静夜里听到《秋风夜雨》《思慕的人》《心酸酸》等歌，都还忍不住眼湿，就仿佛回到了那个心灵倍感挣扎的年代，而自己的前尘往事也涌现了出来。

但是，近些年来，对于台湾歌，都只是重编重唱，并没有做过什么研究工作。凤飞飞这一回出的《想要弹同调》中，有许多歌从未发表过，是新近找到的，我们可以当作新歌。像邓雨贤作曲、周添旺作词的《想要弹同调》，姚赞福作曲、陈达儒作词的《悲恋的酒杯》，许石作曲、周添旺作词的《风雨夜曲》，依然有着台湾歌优美动听的传统，如夜空中的明星一样闪亮。

策划这张唱片的小野说，他们寻找这些失落的歌曲、获得音乐家后代子孙授权的过程备尝艰辛。有一次和小野聊天，他说，找到的尚未发表的台湾歌还有一百多首，那些没有被找到的歌曲不知道有多少。

这使我感到忧心，我们这四十年来对台湾文化艺术的整理实在太欠缺了。以闽南语歌曲的研究来说，政府几乎没有做过任何事，早些年甚至还抑制台湾歌，殊不知台湾歌乃是台湾文化的宝贵资产。

正在写《台湾歌谣史》的庄永明先生告诉我，台湾歌谣的词曲作者大多生活悲惨，最后贫病交加死在自己热爱的土地上。有许多死于七〇年代，死后甚至无钱出殡。当时的台湾，经济已经不错了，但是有谁关心过他们？

逝者已矣，来者可追。

在这个飘摇的年代，我们应该用更恳切的心来面对本土的文化、本土的歌，甚至面对我们的乡愁。

就从最容易的做起吧。

我觉得“文建会”应该支助《台湾歌谣史》的出版，并援助发表那些未发表的台湾歌谣，为已逝的台湾音乐家招魂，让他们得到应得的肯定和荣耀。或者，在介寿堂来一场台湾歌谣演唱会。这样做，对台湾文化工作者一定有很大的鼓舞作用，也可让音乐家的后代子孙得到安慰。

今日的台湾，不论政治、经济、社会，甚至连征土地税都是一人一把号，各吹各的调，大家如果在文化上“想要弹同调”，可能气氛会和谐一些。吴伯雄、王建煊不也都爱唱歌吗？生命不能没有歌曲，民族不能没有自己的歌谣，让我们爱台湾歌、唱台湾歌，给台湾歌应有的位置。

自然就是美

种一棵树也比差的雕像好得多，也好让那些想用雕像或石碑、牌楼来显示功业的官员深思。如果没有好的规划、设计，我们宁可人为的雕像、碑石都不要！

“文建会”推动建设“大屯山自然石雕公园”，首先遭到阳明山国家公园解说员的反对，接着遭到舆论的反对，“文建会”不得不放弃这个石雕公园的项目。这个案子到目前似乎已经告一段落，识者也为阳明山国家公园又逃过一劫而感到安慰。

但是，这个案子牵扯广泛，不只是一个石雕公园，它还牵涉到一个传统观念的问题。如果真正的问题不能厘清，雕像的问题将永远无法解决，发生在阳明山国家公园的事也会发生在其他或大或小的公园里。

当年苏联解体，列宁、斯大林的雕像，几乎全被铲倒丢弃，可见石雕或铜雕并不是什么永恒的象征。因政治之力而获得尊崇的石雕，一旦政局改变，往往被弃之如敝屣，这在全世界都是不变之理。

因此，以政府之力筹建的雕像工程，实不免启人疑窦，其中特别难以洗清的是政治目的，其次是经济效益，再次是文化动机，最后是艺术品质。

从政治目的的角度来看，政府所建的雕像、石碑之类，历史上都是为了表功。但从前不受监督、不受批评的时代已经过去了，现在的一切都可受公评，有时即使不是为政治目的而建，也会成为遭人批评的口实。近些年来，民进党为吴凤雕像，使全省数千座蒋中正雕像成为攻击焦点，可见有政治目的的雕像，实在是政府背离潮流的负担。

从经济效益的角度来看，“大屯自然石雕公园”的预算高达两亿四百万台币，金额不可谓不高。在财政困难的今天，这么大一笔钱投在民众不赞同的地方，实在是没有什么效益可言的。我有一位朋友甚至激动地说：“把这两亿四百万拿来做全省公厕的清洁费，让公厕干净一点，也比这有文化呀！”何况这两亿四百万投到天然的公园里，还可能破坏自然的景观哩！

从文化动机的角度来看，文化发展虽十分急迫，但文化不离人民的生活，不能不考虑民意而发展文化。特别是如今的人民素质之高不会逊于政府官员，甚至也不亚于专家，因而文化发展要因势利导，不能由上而下地指导。或者我们可以说，政治可以强势、经济可以强势，文化却需要柔势、体贴、顺应。前不久有一个例子，由李登辉支持的《活水》杂志，一开始声势多么强盛，但现在还有谁在看？当赠品都没有人要看的杂志，在文化上又有能什么影响力呢？

从艺术品质的角度来看，并不是所有的公园都不能有石雕，日本的“雕刻之森公园”就是举世闻名的，在台湾的南投埔里有一座“牛耳石雕公园”也很美。前者有财团支持、专家规划，后者是因为林渊老人具有草根性，本就与自然合一。

民间舆论之所以对“大屯自然石雕公园”深有疑虑，乃是从前政府不管建什么雕像，从未重视艺术品质。以全省数千座蒋中正的雕像为例，有几个是合乎艺术标准的呢？以在各地公园的雕像来看，有几个是不破坏公园的呢？

法国政府不久前邀请华裔建筑师贝聿铭在卢浮宫盖玻璃金字塔时，也曾受舆论质疑，最后由于对文化部的信心，才顺利完成。我们主管文化的部门也应该优先考虑艺术品质的建立，宁可不做，也不做那些没有品质的东西，否则，只会给政府带来负面的评价。

如今，我们欣见“文建会”从善如流，暂停“大屯山自然石雕公园”的筹建，但是也希望全省的县、市政府从政治、经济、文化、艺术的观点来重估辖内的雕像，如果实在太差的，就毁了吧！种一棵树也比差的雕像好得多，也好让那些想用雕像或石碑、牌楼来显示功业的官员深思。如果没有好的规划、设计，我们宁可人为的雕像、碑石都不要！

卖化妆品的、做美容的、做整形的，人人都知道“自然就是美”，难道主管文化艺术的官员不知道吗？

高阳身后事

高阳的后半生从未与酒绝缘，即使大病一场出院，他依然饮酒如故。我觉得饮酒一事，对高阳的作品是有大伤害的，因为高阳写的是小说，需要高度的清醒和理性。

一代历史小说家高阳过世了，这是自三毛自杀后，中国文坛的又一大损失，因为文学的发展或提倡，不在于出版社、不在于书店、不在于政府的政策，而在于作家。特别是偶像级或大师级的作家一旦殒落，不知道何年何月才能再诞生有相同光芒的作家。

我和高阳先生并不相熟，但过去因报社编务的关系，也有多次与大师畅饮论事的机缘。有一次印象格外深刻，那是和高阳及古龙、卧龙生、诸葛青云、独孤红等武侠名家一起饮酒，其中以高阳和古龙喝酒最为勇猛。古龙本是性格豪放恣意的人，那样子饮酒并不奇怪，而高阳给人的印象是沉默抑郁的，竟会拼命豪饮，实是大出意料之外。

高阳的才情是没有话说的，他能同时经营几部长篇小说，而截稿时间总是迫在眉睫，他往往是在截稿的最后一刻才把稿子完成，如是者十数年，偶尔有“高阳续稿未到，连载暂停一天”，那大概是他已醉到不省人事了。

我时常会想，以高阳的才情，如果他能少写一点，每次经营一个长篇，一定可以写出更雄浑细腻的作品。但是据说他不善理财，出手大方，即使连载几个长篇，也时常向报馆预支稿费。每有新书出版，他等不及慢慢领版税，时常一笔钱就卖断了。对于钱老是不够用的作家，或对于时常被追索稿债的作家，要写少一点是不可能的。

我也时常想，以高阳写作的速度来看，如果他少花一点时间酬酢饮酒，即使同时经营数部长篇也绰绰有余，而且可以部部都是精品。

非常可惜的是，高阳的后半生从未与酒绝缘，即使大病一场出院，他依然饮酒如故。我觉得饮酒一事，对高阳的作品是有大伤害的，因为高阳写的是小说，不像李白写诗，小说重叙述、铺陈，需要高度的清醒和理性。

所以，平心而论，高阳的作品普遍有两个缺点：一是水平不一，不是每一部小说都在相同的水平上；一是情节琐碎，不能一气呵成。

作为高阳小说的读者，我提出这两个观点，实在是肺腑之言。这是大部分连载小说难以避免的缺失，以高阳之才本来可以免俗，竟也难以免俗，令人感叹。

更令人感叹的是，高阳的作品数量十分庞大，市场上也极畅销，应该有很好的收入才对，可是他却是身无长物、两袖清风，要靠出版社捐出一百套全集来筹女儿的教育费。人人都说高阳不擅理财，一掷千金，但是那些赚了钱的出版社，难道不该伸出更大的援手吗？作家卖断版权，依合约办事也许无可厚非，但是适时伸出援手才更合乎道义。

因此我觉得只捐出一百套做成全集义卖是不够的，如果反应好，何不长期大量地销售全集，把利润的一部分拿出来济助遗孤呢？

另外，高阳除了全集中的小说，在文史、考证、古诗上都有极丰富的著作。他又曾在报社担任主笔及总主笔之职，议论政事，有许多动人的作品。据楚崧秋先生说，高阳写的社论还得过“嘉新新闻奖”的“评论奖”，可见他的社论也写得很好。这些都应该是全集的内容，长期出版高阳著作的出版社，何不花点心血来重整高阳的这些作品呢？

总的来说，高阳无疑是成就最大的历史小说家，他的历史小说有一些必然会流传后世。我们应该用更敬谨的态度来处理他生前的作品，才不埋没他后半生对历史小说创作的专情。

思及大师级的作家一位一位凋零，心中感慨，不禁叹息！

更忠于原味

依据我多年的经验，读者虽不可被测度，却十分敏感，假如一个作家写书时没有尊重与诚恳的态度，一个出版社没有尽力求好的精神，读者很快就会觉知，并弃之如敝屣。

有年轻人来问我：“林先生，怎么样才能写一本畅销书？”

这个问题使我呆了半晌，我说：“如果我知道怎么写畅销书，早在二十年前我就是畅销书作家了。”

年轻人听了，并没有退却，反而咄咄逼人地说：“可是这几年来，你的书几乎是本本畅销，你一定是有一些秘诀的吧？例如掌握阅读的趋势，或者是写畅销书的方法。”

我告诉这位迷茫的青年，如果有一个人开了一家餐馆，要使餐厅成功有很多变量，但是首先，最基本的东西一定要做好，例如选择新鲜的东西做素材，吃了不会中毒，而且有益健康。其次，确定餐厅的口味，例如卖川菜与广东菜、台湾菜就是很不相同的，最好的餐厅当然是独沽一味，别具特色，如果做得和别家相似，就要在口味上胜过别人。最后要懂得配菜，时时创新，要有第一流的大师傅。

“只要你的餐馆真的是第一流的，吃客们自然蜂拥而至；反过来说，如果菜烧得不好，就是到街上拉客，也不会有人上门的。”我说。

年轻人听了一头雾水就告辞了。

确实，对作家和出版社来说，读者是不可测度的，就像对餐厅来说，吃客是不可预知的一样。读者与吃客都是一般的消费者，消费者如果可以被预知，这个世界上就没有失败的商人了。

读者既是消费者的一环，其消费行为虽无法准确测度，但趋势还是可以评析的，我想这个时代的消费者大概不脱离几个特性：

一是相信品牌。有品牌的作家比新作家容易被接受，有品牌的出版社比新出版社接受度高，当然最好是有品牌的作家加有品牌的出版社。

二是相信口碑。畅销书排行榜是现代的口碑，广告、书评、书介也略有影响，但影响不大。

三是相信实用。实用的书比文学类、思想类的书有前景，即使是文学类、思想类，甚至宗教的书也需求其实用性，因为大家的时间太少了。

四是返璞归真。社会愈多元化，环境愈复杂，读者愈希望读自然健康的书，在可预见的将来，色情、暴力、鬼怪的书会失去市场，因为到处都看得到，不必在书里读这些。

五是忠于原味。读者将会更重视书籍传达的讯息，重视内容超过重视形式。例如在书上登作者的裸照、影歌星写的书、强调作家的美艳或英俊而没有内容的书，必然会被淘汰。

至于一般人所说的“轻、薄、短、小”，我觉得这不是一种趋势。从近年来出版的无以数计的轻薄短小的书，大部分都卖不出去，可见读者喜欢好看的书，而不在乎是轻薄还是厚重、是长大还是短小。金庸和高阳的小说，每一部动辄数十万字，全是厚重长大的作品，不都是历久不衰吗？锦绣、远流出版社动辄出版数十册的套书，不也很畅销吗？

站在作家的立场，本来我是不应该分析市场的，但是我们可以这样说，一本书畅销的原因有很多，而一本书如果没有人看，原因则是很相像的。

不能销售的书，撇开发行、广告的因素不谈，大概都具有如下的特色：过于深奥难解或过于浅薄无知；形式胜过内容；在同性质的书中品质较差；文字不通或思想不通；老生常谈、了无新意；欠缺时代感；过于个人化，与读者没有共通的经验。

当然，我们不能说卖不出去的都是烂书，但是其中有很多的烂书则是事实。

依据我多年的经验，读者虽不可被测度，却十分敏感，假如一个作家写书时没有尊重与诚恳的态度，一个出版社没有尽力求好的精神，读者很快就会觉知，并弃之如敝屣。

现代的人，吃饭讲究口味的已逐渐被讲究健康的取代。读书也是一样，在书中找刺激、乐趣的人仍然有，但是想要在书中获益，过自然、健康、没有负担的阅读生活，也将成为社会的趋势。

因此，更有思想、更为有用的读物，以及更有社会责任、更重视人本精神的出版家，应该会成为出版业的主流。

卷三 宽怀世事

世事

人如果要有好的品质

就必须重情、讲理、不违公义

社会若想要有好的品质

这样的人就要多一些

台湾钱淹头壳①

有钱是很好的，有钱而没有气质比穷困而有气质会幸福一些。但是钱财总要问心无愧才好，头壳坏了地去追求金钱，终必要付出惨痛的代价——雨后春笋要爆出地面时，谁也挡不住的。

与朋友在阳明山卖野菜的小店吃中饭，隔壁桌的喧哗引起了我们的注意，走过去一了解，才知道他们是在购买加拿大的房屋和土地。

有一位穿着十分讲究的中年人，拿着一册小书，正在向十几位穿着休闲服的人介绍加拿大的土地，每一笔土地上的房屋的照片，占地多少，种什么树，甚至连四季的景观都有照片。

“这一块多少钱?”

“合台币大概一千三百多万。”

---

① 头壳：指头脑、脑袋。

“哦？怎么这样便宜？这一块给我好了，连刚刚种满枫树的那一块，我买两块好了。”

——听起来好像他们是在买一个粿或一块布料。

“这样看准吗？”

其中有一位显然有一点疑虑。

“你们就相信我吧，过户以前，我会找人带你们到加拿大看房子，安啦，绝对没有问题！”

卖加拿大土地的人说。

我不禁十分感慨，对朋友说：“我们吃一顿五百元的中饭，人家已经成交了加拿大的十几笔土地了，每一笔都在千万以上。更可怪的是，那十几位买主都还没有看过加拿大的土地，可能有的还没有去过加拿大呢！”

朋友告诉我另一件事。

有一次他和另外两位朋友决定要合资开出版社，三人为了每个人到底要投资一百万元还是五十万元而伤脑筋，约好在餐厅见面详细讨论。

朋友说：“我和其中一位朋友先到餐厅等另一位，隔壁桌也在谈生意，我竖起耳朵听，他们正在谈一个投资，在考虑要投资一亿或一亿两千万。十分钟以后，他们决定投资一亿两千万。听了这个投资案，我们就决定每人筹出一百万来办出版社。”

在台湾，这些年的变化真大，拥有千万资产的人都快变成贫户了。谁的房子不是价值千万以上呢？听到那些“大户”们开口闭口都是上亿的，报纸上的经济新闻也早已以“亿”为单位，甚至什么购买公交车“十八亿”，违约交割“九十亿”，听起来就像我们这些中等收入的人都是赤贫一样。

听说台湾富豪到瑞士买手表、到荷兰买钻石、到法国买酒、到意大利买服饰的时候，厂商都会“清场”，把一般美国、欧洲观光客请到门外，专供台湾客购买。因为他们买劳力士像买橘子、买钻石像买葡萄、买“路易十三”像买黑面蔡的阳桃汁……那样有钱、那样奢侈，几乎到了快要受人诅咒的地步。

台湾人有钱，早就不只是淹脚目，而是淹头壳了，但是不管怎么样，有钱的人还是少数，大多数还是靠上班工作维生的。还有许多军公教人员，他们每月只有几万薪资，薪水如果能超过十万的，那就很了不起了。

整个社会如此奢侈，崇尚有钱，导致许多公务员忍不住索贿、贪污、利益输送什么的，“十八标”“二十七标”、匈牙利公交车、捷运工程，弊案接二连三生出来，使我们小老百姓不禁会问：到底我们还要中几标呢?

从这个趋势看来，贪污已经浮上水面，成为世纪末对台湾最重大的损害，而其背后是整个社会对钱财的盲目，使得连高级官员也迷失了自我，坏了头壳。

不久前，有一位正在组建财团的人接受记者采访，说到在政治圈里没有百分之百的事，他说：“只有一件百分之百的事，我只能说，我不会贪污。”

这段话令很多人佩服。

但从反面想起来，不贪污是一个公务员的基本条件，有什么可以自豪呢？当不贪污可以自傲时，是不是反映了我们的贪污太普遍了呢?

许多人佩服那些廉洁的官员，仿佛他们是什么濒临绝种的珍禽异兽。但是反过来一想，廉能是公务员最基本的条件，因为贪污太厉害，竟使我们误以为是什么高贵的品德呢!

贪污做什么呢?

还不是为了钱!

如果高薪的公务员都受不了钱的诱惑，如何要求低薪的公务员牺牲奉献呢?

如果真的爱钱，就不必做官，应该改行做生意，免得伤害黎民百姓，而且自己还可以在阳明山买加拿大的土地，多过瘾！否则四百辆公交车放在车库锈腐，要怎么向两百万市民交代呢?

有钱是很好的，有钱而没有气质比穷困而有气质会幸福一些。但是钱财总要问心无愧才好，头壳坏了地去追求金钱，终必要付出惨痛的代价——雨后春笋要爆出地面时，谁也挡不住的。

干净的选举

一般人都有的观念是『钱照拿，票不投给他』，其结果是：选上的候选人会误以为买票有效，下次不敢不买；落选的候选人则误以为是用的金钱不够，下次要选一定要提高价码。

去年代表选举的时候，我从“净化社会基金会”的朋友处取得一张贴纸，贴纸上画着的是一只洁白的手掌从蓝色的背景伸出来，上面写着：“净化选风，我家不卖票。”我把它贴在家门的正中央。

选举前几天，乡下的朋友来找我，看到贴纸，很纳闷地问我：“你家有票，为什么不卖呢？卖几张票，不无小补呀！”

朋友接着谈起了乡下贿选的严重性，他说几乎到了没有一位候选人不买票的地步，因为在乡下流行一句话：“买票不一定选得上，但是不买票一定落选。”冲着这句话，许多本来财力不雄厚的候选人，也倾家荡产地买票；本来形象清新、年轻有为的候选人，也只有走上贿选一途。因此，光是选一个小小的代表，花费上亿的金钱竟成为平常的事。

我的乡下朋友虽是知识分子，但置身于买票的选举文化中，也只好随俗，并且自己思考出合理的理由，来接受候选人的金钱。

理由之一，金权政治乃民主政治的必要之恶，不只在台湾，在欧美、日本也很难阻止金权政治。而且有钱人不一定就是坏的政治家，会买票的人是因为选举的现实，与道德没有绝对的关系。

理由之二，每隔几年一次的选举，通过买票等于是财富的重新分配，台湾的贫富悬殊已经形成难以治疗的病态，选举等于是有钱人拿一些钱送给无钱的人，贫富差距可以通过巨富倾家荡产选举得到一些平衡。

理由之三，虽然每一位候选人都拿钱，但是只要我们选民保持理性，选给心目中理想的对象，贿选就无伤大雅了。

我听了觉得很不以为然。

首先，金权政治一旦形成，有德有为的贤能之士就难以出头，真正有风骨的人绝不应该在金权中妥协。

其次，贿选绝不能平衡贫富差距，只会拉大贫富悬殊，因为花了上亿金钱进入“国会”的人，不可能没有私心，这一点从“国大”代表的支薪案、“立法委员”审查劳动基准法和银行法的表现中就可以看出。他们不只把私心赤裸裸地暴露出来，也为财团护航、为选举铺路，政治资源在这些人手中，只会导致“富者愈富，贫者日贫”的恶果，所以财富绝不可能重新分配。

最后，一般人都有的观念是“钱照拿，票不投给他”，这是最乡愿的想法，其结果是：选上的候选人会误以为买票有效，下次不敢不买；落选的候选人则不会检讨自己的条件或德行，因为他们误以为是用的金钱不够，下次要选一定要提高价码。因此，贿选永难根除，纵使是最清廉的人投入选举，也只好“下海”了。

我的乡下朋友离开的时候说：“现在的选举大概只有台北市不贿选才有可能选得上，因为台北市民的素质比较高，而且比较没有地域、派系、人情的包袱，在我们乡下还是不行，人家买票，我不收会得罪人的，你知道吗？”

转眼之间，“国大”代表选举已经过了一年，他们在争取自己私利的恶行恶状，台湾所有的人都看见了，只是怨而不言。现在又到了选举，学者们又开始担心，最近纷纷举行座谈会，希望这一次能办一个干净的选举。

干净的选举，从法上说，应该严查贿选，将贿选者绳之以法。政大的薄庆玖教授说：“仅涉及一二人的无头凶案都可以侦破，涉及千万人的贿选却查不出来，根本是非不能也，是不为也。”历年来，人人知道有贿选，却抓不到，原因是什么呢？如果贿选者无所遁形，自有遏阻作用。

从理上说，应让大家知道，贿选是政治弊端的重要来源，因为贿选的庞大经费涉及政治投资，就不得不与财团挂钩，然后就会有贪污、特权、利益输送，整个政治就会乌烟瘴气，最大的受害者就是投票的选民。了解这一点，懂得每一票都是“神圣的一票”，也是“公理与正义的一票”。

但愿这几个月，社会上有影响力的人士多在这两方面着力，使“净化选风，我家不卖票”不只挂在门上，也贴在心上。

我们实在太需要一些有良知、无私心、肯奉献、不营谋的“立法委员”了！

泛性与泛政治

关于艺术，乃至人生的本质，往往不是三言两语可以说清的，一切归诸性，将使艺术的创作失于简单、表面。深刻多元的艺术思维会因之失落，纯粹、直观的艺术表达也将被混淆。

到台北市立美术馆去参加一位女画家的评论座谈会，其中一位男性评论家的观点令我大为吃惊。

他说："这些画，在我看来充满了性的暗示和象征。例如草原上的白蜡烛、维纳斯的雕像，这些都充满了性的联想力，特别是桌上的一串香蕉和从空中驶过的战车，前者是具象的性象征，后者是隐藏的性暴力，因此，我们可以说这位画家的作品充满性的意味。"

使我吃惊的不是这位评论家的观点。

自弗洛伊德之后，被性事迷惑的评论家和心理学家非常多，他们几乎同时具有一对性的眼睛和一个性的心灵。在他们的眼里，不只香蕉、茄子、水蜜桃充满性的象征，甚至连大树、草原、流水也到处是性的联想。有些更严重的，连都市的高楼、汽车、污染的空气都离不开性。类似的评论家和心理学家太多，已经多到不会令我吃惊的地步了。

使我吃惊的是，我看到白蜡烛和维纳斯、香蕉和战车时，为什么完全没有性的联想呢？难道人的心灵距离如此巨大？大到完全没有交集与沟通的可能？

其实，我并不完全反对那位评论家的观点，使我深思的有两点。

一是创作者在创作时，往往是创作的直觉反应，而不是先有一个理念、象征、联想才创作的。这就像在田径场上赛跑的人一样，他不是为了掌声才跑的，跑第一的人往往快得听不到观众的掌声。评论家的观点往往只是自己的观点，大部分与艺术的创作无关。

二是关于艺术，乃至人生的本质，往往不是三言两语可以说清的，一切归诸性，将使艺术的创作失于简单、表面。深刻多元的艺术思维会因之失落，纯粹、直观的艺术表达也将被混淆。

从艺术馆的院子走过的时候，夜色已经迷茫了，我抬头看着初冬的天空，感受到凉意已经笼罩着这个城市。我想，那些泛性主义者虽然在现代社会中自成一格，自成流派，但我们没有什么可以置喙的地方。可是如果泛性的思想成为普遍的思想，对社会的创造力可能有误导作用。例如一个泛性主义者，他在生活里就不会有单纯之乐，不能就事论事，会失去思考和判断的理性。想想看，连河流和树木都有性的联想，那是一个多么复杂而可怖的情况！

与泛性主义可以等量齐观的大概就是“泛政治主义”，就是什么事都从政治面来看、来思考，任何一个征税、修路、环保的问题都可以扯到最高层的政争；任何语言、教育、社会福利上的小事，都可以联想到省籍情结、政治打压。“泛政治主义”使我们在看媒体报道时，犹如走过凌晨三点的黑暗的森林，搞得一头雾水，连马路上的坑洞也看不见了。

想一想，如果什么事都要蒙上政治的暗影，生活会多么不痛快呀！有很多的事可能和政争、政治情结无关，那只是当事者下台的借口。

遗憾的是，只要制造出“泛政治主义”的气氛，政治人物讲脏话、吐口水、摔桌椅、拳来脚往都有了冠冕堂皇的理由了。

“泛性主义”或“泛政治主义”不是台湾地区所独有。

最近美国总统当选人克林顿的妻子在选战一开始，就告诫女儿说："从今天起，妈妈会被攻击，我们的猫会被攻击，我们家的金鱼会被攻击，因为选举是世界上最龌龊的游戏。"

因选举的龌龊会"株连甚广"，攻击会无所不在，转换为"泛政治"也是一样，仿佛处处都是刀山剑林，一穿过政治的旋涡就会遍体鳞伤。

"泛政治"最大的危害，是使社会成为政治的祭坛，人人都有郁愤之气，从而将任何不公、不平、不义、不开心的事情都归诸政治。其实，有很多不公可能因为经济，很多不平可能是因为教育，很多不义可能是因为伦理，很多不开心可能是因为天气呀！

如果大多数人对性感到冷漠，对政治感到消极，会使一个社会死气沉沉。但是如果大多数人对性与政治都很狂热，进到"泛性主义""泛政治主义"的程度，社会就会躁动、不安、混乱，特别是在一个变局的时代，我们需要更理性、更深刻、更多元的思考。

让性有自己的空间，让艺术也有自己的空间！

让政治的归于政治，让社会也保有单纯、发展、开创的活力吧！

公共意志与社会品质

我们有能力、有条件过更高品质的生活，只要政府与人民都能强化公共意志，为大我想一想，为子孙万代想一想，我们的社会并不是不可为的呀！

巴塞罗那的奥运会终于结束了。

今年的巴塞罗那奥运会被认为是历史上最成功的奥运会，原因之一是本届奥运会没有发生什么丑闻，参与的人都是高高兴兴地来、平平安安地回家；原因之二是，一般人对西班牙这个国家，在奥运会前并不是非常有信心，期望也不大，没想到它竟然能办出这么漂亮的奥运会，使西班牙这个古老的国家的声誉向上提了一大截。

我们热爱体育的人，不一定有机会到西班牙去，不过在媒体上躬逢其盛，对于巴塞罗那奥运会从筹备、举办，到完成也多少有所了解。特别是日本的卫星电视节目，不仅对所有的比赛巨细无遗地进行了全程转播，而且对巴塞罗那的风土民情、文化、建筑也有详细的介绍。综合起来，这次奥运会的成就，被誉为“巴塞罗那奇迹”。

如果从台湾看巴塞罗那奥运会，它被称作“奇迹”的理由是，西班牙原是欧洲的二级国家，人均国民生产毛额是一万二千美元，比台湾地区略胜；但台湾地区的八百多亿外汇存底为世界之冠，消费力胜过西班牙。两相比较，我们可以说西班牙和台湾地区具有相似的经济实力。

接下来我们会问，台湾省最大的城市台北，有能力办一个奥运会吗？恐怕以现有的水平，办一个亚运会都很成问题。即使能勉强办一个国际性的运动会，我们将如何展示文化与艺术的内涵呢？我们的城市在数十部摄影机下（就像女子十公里竞走、男子马拉松的全程转播都是动用数十部摄影机），将会展出什么样的街景、建筑和招牌呢？想一想就感到悲哀。

我们的公共建设几乎没有文化艺术可言，如果再加上污染的空气、昂贵的物价、混乱的交通，以及垃圾、摊贩和乞丐，一一打折下来，我们将会呈现出和西班牙完全不同的景象。

我们是怎么一回事？为什么会把公共事务搞得一团糟？是政治人

物勇于私斗、怯于公义，还是政府官员无能、舞弊或徇私？或者是国民素质太低？是不是我们在法治和社会结构上有缺漏？

一说到公共事务和公共建设，我觉得这里面最严重的问题是“公共意志”，政府与人民几乎都缺乏公共意志，才会使整个社会——特别是公共建设的品质不但无法提升，甚至一直在沦落。

什么是公共意志呢？就是有大我之念。

从政府的角度来看，首先，政府的权力是人民所赋予的，政府的财政来自人民的税捐，政府实施一切公共政策应该是以人民的大我为优先的，不应有徇私苟且之念。像前一阵子南京东路的“国泰人寿土地变更案”“匈牙利公交车滞驶案”，都是非常明显的例子，说没有徇私苟且，谁能信？

其次，政府官员虽代表政府，但执行官个人的公共意志也十分重要。例如最近如火如荼的“高速公路十八标案”，从发生后，简又新不发一言，一直到事情愈闹愈大，纸包不住火了才来开记者会。在他沉默的一个月之中，哪里有什么公共意志呢？稍有公共意志的首长早就应该公开澄清，并向全民道歉了。

愈是没有公共意志的政府，其官员就愈不能免于贪渎、舞弊。如果想到每一分钱都是人民的血汗，哪里还有心肝放在自己的口袋里！

再从人民的角度看，缺乏公共意志的人民绝对没有条件生活在优良的公共环境中，高品质的社会也就无以创造。举例来说，近年来政府只要遇到为公共事务而进行的土地征收，总是遍地荆棘。那些没有公共意志的百姓百般阻挠，致使枝节横生。别说征收私人土地了，政府要收回公园、学校等公家用地进行公共建设，也一定会遇到抗争、阻拦。试想，如果大家都没有公共意志，不肯为大我着想，又希望社会有好品质，那不是缘木求鱼吗？

大到土地的征收，小到统一发票的开立，甚至闯一个红灯、丢一点纸屑，都能反映出人民的公共意志呀！

因此，一个国民人均所得一万美元的社会、一个外汇存底八百多亿美元的社会，不应该像个乞丐窝。我们有能力、有条件过更高品质的生活，只要政府与人民都能强化公共意志，为大我想一想，为子孙万代想一想，我们的社会并不是不可为的呀！

匈牙利·吐鲁番·乌鲁木齐

人心乱，交通就乱；人心浮躁不安，车子就会横冲直撞；人心争权夺利，街头就会寸土必争；人心没有规矩，交通就不可能有规矩。

台北的忠孝东路有一家百货公司举行周年庆，我夜里十点路过，那里竟还塞着车，而且塞到完全动弹不得。我坐在出租车里养神，开车的老先生却显得非常烦躁不安。

“太没有天理了！半夜十点钟还在塞车，政府这些管交通的官员都是吃屎的！”司机老先生咒骂着，夹杂着更难听的“三字经”。

我说：“也不能什么事情都怪政府，你看前面塞车是因为百货公司打折，和政府官员有什么关系呢?”

“哎呀，少年郎，你不懂！今天台北的交通会乱成这个样子，不是什么塞车啦、挖路啦那么单纯。很少有人想到一个根本问题，那就是人心乱！一个人心乱的地方，交通怎么可能会好！”老先生很生气，可是他的最后一句话使我触动了一下，因为在检讨交通问题时，这一点比较少听到。

“人心乱，也不一定要牵涉政府呀！”

“这你又不懂了！政府内部如果不乱，社会的人心怎么会乱呢？就以交通来说吧，近几年的贪污事件，哪一件和交通无关？先是‘交通部长’张建邦利益输送，下台了。接下来是桃园国际机场的‘长荣停机坪案’。然后是高速公路局的十八标、廿七标、三〇一标，每一标都使老百姓的荷包中标。还有匈牙利公交车的贪渎案，现在还有四百多辆锁在仓库里呢！一百辆在路上跑的公交车，一个月进场修理六百多次。再下来就是捷运局浮报广告费案……这些案子，哪一件和交通无关？现在关在土城看守所的交通官员，总数恐怕超过一百个！真不是东西！这交通怎么能不乱呢？”老人条理井然地分析着，使我不禁对这满口“三字经”的人生出一些好感和敬意。

老人说，他每次看新闻标题是“匈车上路”时，觉得既好笑又好气，那匈牙利的公交车缺点一大堆，不知道什么时候会闹出人命。“俗话说‘要偷吃也要会擦嘴巴’，像匈牙利公交车的舞弊案，是嘴巴连擦都没擦，整嘴油嘟嘟的！”

“普通的人，正常的人，想要买进口车，一定会买德国车、日本车、美国车，要不然英国、法国、瑞典、意大利的车也好，怎么会跑到匈牙利买呢？匈牙利的车造得都没有我们裕隆的好呀！去匈牙利买车，就像到吐鲁番、乌鲁木齐买车一样。”

“为什么和到吐鲁番、乌鲁木齐一样呢？”我问。

老人说，他到大陆去观光旅游，学到一句大陆的流行话，叫作“吐鲁番水平”，意思是说水平低于海平面，以后我们如果遇到水平很差的汽车，也可以改称为“匈牙利水平”。至于“乌鲁木齐”，是一句台湾方言，形容那些坏到无以复加的人、事、东西。

我们在车上闲聊着台北的交通问题，半个多小时的塞车时间竟不知不觉地度过了，当车开始往前推进的时候，我感觉到心情一松，开朗起来。

唉！住在如此混乱的城市，我们对人生的标准仿佛也降低了，只要有一天出门能顺利前行，便觉得是值得庆贺的大事了。

交通不良的问题，或者是施工，或者是车辆过多，或者是百货公司周年庆，都可以忍受，因为总有个期限；可是人的品质不良，人与人之间的沟通困难，却很难忍受，因为它没有个尽期。

人心乱，交通就乱；人心浮躁不安，车子就会横冲直撞；人心争权夺利，街头就会寸土必争；人心没有规矩，交通就不可能有规矩——因此改善交通必须先从改善人心开始，这是一个老出租车司机的真知灼见。

像现在，主管交通事务的一级主管，有的被收押，有的被起诉，几十个人住在看守所，难道大家不感到痛心吗？难道主管的官员不惭愧吗？“交通部长”不下台，还有天理吗？

陪郎客摇来摇去

没有底线的政治人物比舞女还不如，许多舞女虽然『陪郎客摇来摇去』，但还懂得洁身自爱、有情有义，不是良知全无的人！

台大社会系教授丁庭宇在一个座谈会上说了一个实在的例子——

中部地区有一位富商半夜和朋友喝酒时夸口，他随时可以叫那些所谓的“民意代表”来陪酒。朋友不相信，富商随即拨通了电话，几分钟以后，民意代表纷纷赶来陪酒，证明了他的话没错。

丁庭宇说：“工商界为保障自己的利益，包一个‘立委’跟包一个舞女没有两样。”

现任“立委”蔡璧煌也参加了这个座谈会，他证明这种情形是存在的。

读到这样的新闻让人心惊，平常那些盛气凌人、动不动就“三字经”、拳脚相加、仿佛是在为真理拼命的人，竟是被人“包养”的呢！平常口口声声站在民众与公义这一边的“立委”，很可能是半夜应召去陪富商喝酒的人呢！怪不得一旦有什么法规牵涉财团和商人的利益，许多“立委”就急得揭下面纱，和他的“舞客”翩翩起舞呢！

商人介入政治，几乎是民主政治的“必要之恶”，日本、美国都不能免。最近日本民众经常在自民党大老金丸信家门口示威抗议，甚至与警察推挤，原因是金丸信接受了佐川急便公司四百万美元的政治献金，但未向政府申报，而是纳入了私囊。根据日本《政治资金规正法》的规定，政治人物接受献金超过八千美元即须申报，民众正用示威抗议的手段逼迫金丸信辞去国会议员的职务。

可见，政治与财团挂钩是全世界都不可避免的，这是基于“供需法则”，政治人物需要庞大的财力来竞选，财团则需要在法案审查时保卫自己的利益，他们的结合是很自然的事。

但是政治人物如果完全屈从于财团，或者由财团掌控政治大势，或者整个政府成为大财团，势必会使一个国家特权横行、失去公义，也将会使一个社会贫富悬殊、人心不平，最后导致民不聊生。从前的越南、如今的菲律宾都是活生生的例子。

这次国民党的“立法委员”提名，有好多位财产百亿以上的财团第二代，未被提名的李胜峰就指出，国民党政权显然已陷入“财团化”的危机。他说：“只要有钱就不必担心不被提名，没被提名的都是那些没钱的人。国民党这次提名许多年轻人，都是因为他们背后有个好爸爸，这些人自己有什么地方堪为‘立法委员’呢?”

李胜峰未被提名，情绪激动，是可以理解的，但是他的话也是许多小市民的心声，值得思考。假如一整个“立法院”都是财团的少东或全是被财团掌控的人，政治必成酱缸，前景可忧。

我觉得，政客与财团挂钩虽是不可避免的，但应有一个底线，这底线就是人民的利益、社会的公义、问心无愧的人格与良知。这最后的底线是不是被突破，正是“政客”与“政治家”的分野，是“舞女”与“立委”的分界线。因为，“国会”议员虽然接受财团的捐献，到底还是人民选出来的，人民利益应该在财团利益之上。

即使是财团的少东或代表从事了政治，底线还是在的，那是由于当一个社会有了健全的发展时，财团才有前途，自私自利的财团绝对不会有好下场的。

我们这个社会的悲哀，并不在政客与财团挂钩，而在于没有良知的底线加上过度的政治化。最近有一个令人痛心的例子，那就是新竹“今夜卡拉OK”起火，烧死十三人。这家卡拉OK从一开始就是违规营业，县政府、警察局、消防队都知道，因为它未办营利事业登记、未设籍缴税、它的消防安全设施不足……

现在死了这么多人，责任追究到县政府，你猜猜县政府主任秘书和建设局长怎么说？他们说：“未认真稽查取缔，是怕影响县长选票！”

为了选票，可以草菅人命，不顾职责，这就是完全没有底线了！

没有底线的政治人物比舞女还不如，许多舞女虽然“陪郎客摇来摇去”，但还懂得洁身自爱、有情有义，不是良知全无的人！

台湾『廉政院』

如果我们带着看电影的心情读政治新闻，那么我们就会发现，虽然主角换来换去，上片的时间不同，制片导演不一样，但内容都很接近，都是与廉政有关。

都说简又新部长的运气好。

这一阵子与韩国断交，钱复到幕前演出，简部长暂时到幕后休息，如果运气再好一点，高速公路十八标工程的内幕可能就会被淡化了。就像前一阵子运气好的是台北市长黄大洲，当他正在为匈牙利公交车不能上路的事而饱受指责的时候，台上突然换了“十八标”的戏码，于是他可以暂时凉快一阵子。

匈牙利公交车当时上台演出，又使什么戏下档了呢？是民进党的贿选案。本来一般人对民进党寄望很深，即使它的党小、财政困难、人才闹荒，大家总说：“至少不会像国民党那么黑！”说不定多几个民进党的人上政治舞台，可以逼使执政者清廉一点，可如今愿望也破灭了，民进党还不是那么一回事?

民进党贿选案所打败的下档戏是“南京东路国泰人寿建地变更案”，这一块应负起土地狂飙责任的建地，本来规定只能盖观光饭店，但七搞八搞，却可以盖商业大楼了。市政府和商人都异口同声地说“一切合法”，究竟有没有合法，也没有详细去追查，因为“民进党贿选疑云”正好强档上片，“国泰人寿建地风云”只好下档了。

如果我们带着看电影的心情读政治新闻，那么我们就会发现，虽然主角换来换去，上片的时间不同，制片导演不一样，但内容都很接近，都是与廉政有关。

我们闭起眼睛来想，像捷运工程一直在传说的贪污、前一阵子桃园机场的“长荣案”，还有几乎每隔一阵子就会上演的警察贪渎案、邮局和银行公务员卷款案，事无大小，全涉及廉政。有时候我忍不住想：难道我们的政治没有其他的戏码可以演出了吗?

多年来，我们时常对台湾的治安、社会的混乱感到忧心，但是这些毕竟只是“现象”，现象是可以变化的，我们稍稍努力一点，治安就会好一点，混乱就会平静一点。我更忧心的是政治的不清廉，因为政治不清廉不是一种“现象”，而是一种“品质”，它是很难改变的。这就好比说，台湾电影也有好导演、好演员、好班底，却老是拍不出好电影，原因正在于整个体系没有好品质，久而久之，大家对台湾电影失去了信心，这和政治的道理是相同的。

不清廉的政治、没有好品质的官僚体系是社会的乱源，因为不清廉就会官商勾结，经济就不公平；因为不清廉就会徇私舞弊，司法就不公正；因为不清廉就会特权横行，社会就没有公义。不清廉久了，经济、司法、社会都崩溃了，整个国家就没有文化，纵使天天在介寿堂拉小提琴，日日在剧院跳芭蕾舞，文明的社会也不可能建立起来。

所以，现今的台湾的问题中最严重的就是廉政，不然我们可以进行一个问卷调查，看看人民相信政府清廉的有多大的比率。根据我的私下访谈，比率是不会太高的。对政府清廉的质疑普遍存在，而政府官员又不断演出不清廉的戏码，难道就没有人想到彻底地来整顿一下吗？

整顿的方法，首先，所有的政务官择期公布自己的财产，澄清百姓对“做官好赚钱”的疑虑。政务官不是不能公布自己的财产，赵少康不是公布了吗？政务官也不是不能有钱，像吴伯雄和连战是富豪，大家都知道，只要钱财清楚，有钱不正好是一个反贪的证明吗？

其次，在台湾成立一个类似香港或新加坡的廉政公署，直属“行政院”，应该比现今的调查局范围更广、更专门，只负责政府官员的廉洁，让大家想而生畏，贪污的人也就少了。

我还有一个奇想，目前的“监察院”功能不彰，一直有裁撤之议，或许可以把“监察院”改成“廉政院”，然后把“调查局”也搬到“廉政院”里，这样独立出来，级数更高，就好像包公的尚方宝剑一样，那么即使部长级的官员也无所畏惧，没有颜面的问题了。

如果政治清廉，我们就不必在报纸、电视的新闻一直看相同的戏码，少看一点“政治秀”对身心健康有益，人民也就能过幸福快乐的日子了。

施工中

在台北的司机如果学禅，几年后所有的人都开悟了！因为每次堵车，最少是一炷香的时间，一天如果堵车三次，等于在车里禅定三炷香，几年下来，不开悟也很难了。

台北市最有名的人是谁?

我想很少人猜得到，他的名字叫“工中”，姓“施”。

这位“施工中”先生，近几年占据了台北的每条大街，几乎所有的街道都有他的姓名，而且只要有他在的地方一定寸步难行、举步维艰。

生活在台北的艰难，大概是居住在其他城市里的人难以想象的。每天出门之前都要深呼吸，以平衡自己的情绪，好接受即将面临的挑战。但是即使做了最好的心理准备，出门时还是会有许多意外的状况。

例如我们知道某条路一定会塞车，改走那一向不塞车的马路，结果也塞车了。

例如我们知道尖峰时间不出门，选择在离峰的时间出门，但比尖峰的时间堵得更久。

例如双线道变成了单行道。

例如某段马路突然封闭了。

例如某路上的公交车突然改成了“三站只停一站”了。

例如马路边与骑楼都被封闭，行人只能走在快车道上。

然后我们会听到公交车司机抱怨，平常他从西区到东区，再开回西区大概是一个小时，现在可能是下午三点从西区出来，晚上七点才能回到西区总站，他说：“真比走路还慢。”

然后我们会听到出租车司机说，一个小时只收到六十元。“为什么只收到六十元呢？”你问。他说：“每停五分钟跳表五元，六十分钟都不能动，正好跳六十元。”

然后我们会听到学禅的朋友说：“在台北的司机如果学禅，几年后所有的人都开悟了！”

“为什么呢？”

“因为每次堵车，最少是一炷香的时间，一天如果堵车三次，等于在车里禅定三炷香，几年下来，不开悟也很难了。”

虽然城市的交通如此混乱，但大家都有一个微弱的希望，也都还能忍受。这微弱的希望是：一切为了捷运系统，等捷运系统挖好，交通也就能改善了。

不知道政府有没有在这方面进行民意调查，我自己倒是有，每次坐出租车，我总是问司机先生：“你觉得捷运系统完工以后，交通会改善吗?”

答案是千篇一律的：“不会!”

原因呢?

原因不出以下几个——

对中国人的民族性没有信心，例如即便只有两个人过一座桥，如果互不相让，桥也是走不通的。或者对政府的公权力执行没有信心，如果大家不能守规矩，即使汽车减少，也不可能畅行无阻。或者是现实的观察，不管多少人改乘捷运系统，汽车的总数远大于公路的负担，汽车只会愈来愈多，数量是永远不会减少的，否则汽车厂怎么生存呢?

有一位出租车司机感慨地说："台北的交通是无救了，无论谁来管，都是无药可医了！"

由于对捷运系统没有信心，对台北交通绝望，每回看到"施工中"的牌子就觉得更加讽刺，就像我的一个朋友说的，他读小学一年级的儿子总是把"施工中"念成"拖工中"，老纠正不过来。

我们对这个城市的交通没有信心，是源自对其他社会现象没有信心吧！

像是我们可能一个月只赚两万块的薪水，却住在市价一坪卅万的房子里；像是市场里的高丽菜本来一个一百多元，"行政院长"说了一句话，第二天突然变成二十元；像是台北的化妆品价格竟然是纽约的三倍，服装则是香港的两倍；像是医生、律师缴的所得税竟比一个小职员还低；像是从不缴税的地摊业者，一个月有卅万元的收入；像是写了一百本书的畅销书作家过世竟然身无分文，而富豪遗族欠缴的遗产税就超过十八亿；像是……

我们只要有眼睛，俯拾皆是社会的混乱、公权力的丧失、经济与政治的病症，所以台北不只是交通混乱和堵塞，在许多管道上都是混乱和堵塞的。

对于交通的不良，我们在看到“施工中”时，还有一丝微弱的希望，但对于社会的病象，我们是不是也该施工呢？谁来施工呢？

如果不能对社会整体进行“施工”，交通是绝对不会单独好起来的呀！

红唇族

我们不应该小看槟榔这一行业，要发起一个像『拒抽二手烟』一样的运动，推广槟榔有害的观念，使『红唇族』不再增加，至少让一般青少年不至于成为槟榔的受害人。

有一个行业蔓延得很厉害，一般人可能没注意到，这个行业就是槟榔业。从大城到小镇，以及在全省的各省级道路旁，几乎走几步路就是一家槟榔摊，比公共电话亭还多得多，有几家规模大的，已成为连锁商店，还是二十四小时营业的，已经形成槟榔的“7—11超商”。

槟榔摊出售的东西只有三种，第一当然是槟榔，第二是香烟，第三是饮料和口服液。听说光是卖这三种东西，利润就十分可观，所以槟榔摊愈来愈多，已经到了不可想象的地步。由于摊数多，竞争激烈，在槟榔里加鸦片或安非他命的消息时有耳闻。

槟榔原是台湾文化的一部分。从前居住在台湾南部的人很少有不嚼槟榔的，许多农家在田边种植槟榔，一则可以防风，二则作为界标，三则每年有自种的槟榔可吃。农人并不知道吃槟榔有害，因此在小的时候就开始吃槟榔。我在小学的时候就常吃槟榔，但我们吃的不是像现在这样的加了很多料的槟榔，而是吃直接从树上采下来的“菁仔”，有时候夹一片甘草就吃得津津有味。特别是在冬天，只要吃一粒槟榔就觉得全身暖和，真有提神醒脑之效。

但是，三四十年前，槟榔不像现在这样满街都能买到，也不像现在这样有的人一天吃五六十粒。那时，农人只在农闲的时间里吃，一天三五粒就了不起了。像现在这种情形，槟榔与鸦片已经没有什么两样了，据说有很多司机先生如果没有吃槟榔提神，根本就不敢上路。

近几年，吃槟榔的人数大增，槟榔不再是农夫和工人吃的东西，许多白领阶层或知识分子，甚至连中学生、大学生、医生、护士都嚼槟榔。

吃槟榔的人数大增，摊位也是以等比的级数跃升，连许多农夫都改种槟榔了。

根据台湾省农林厅的统计，一九七二年全省的槟榔种植面积仅一千六百零七公顷，到一九九二年多达三万九千六百五十九公顷，面积激增了廿三倍之多，这些还不包括种在田边和小路的槟榔。

尽管槟榔产量增加了这么多，但奇怪的是永远供不应求，还常常要依赖走私进口，甚至有台商在大陆沿海和海南岛垦地种植大量槟榔，然后回销台湾。

除了槟榔，被叫作“半天笋”的槟榔心，也是近来非常热门的食物。

理论上，产量增加，价格应该下跌才对，可是槟榔的常价是一粒五元，近几年又时常飙涨，一九九一年是八元，一九九二年曾有每粒十元的高价。想一想，一粒槟榔等于一斤米或一斤面条，这是从前的农人不敢想象的。

以这个现象看来，今后槟榔业还会有一片好景，种植面积会增加，槟榔摊会增加，吃食的人也会增加。

长远看来，这对整个社会都会有深远的影响，槟榔又是百害而无一利的食品，其负面影响是非常可怕的。

从个人健康来说，它会引起口腔癌、食道癌等病变；从环保来看，它的种植会影响山坡地的保育，造成山崩与洪水，并缩小森林面积；从卫生来看，它使城市到处都是槟榔汁，可能成为传染病的源头；从社会观点来看，太多的槟榔摊造成了交通的不便、市容的损坏，而且在整个庞大的槟榔交易市场，政府完全没有收税……

所以，我们不应该小看槟榔这一行业，要发起一个像“拒抽二手烟”一样的运动，推广槟榔有害的观念，使“红唇族”不再增加，至少让一般青少年不至于成为槟榔的受害人。

让我们一起来为社会的洁净而努力！

新加坡政府为了社会的洁净和国家的形象，不仅禁食口香糖，甚至禁止贩卖口香糖，如果被捉到就罚一万坡币（等于十几万台币）。对口香糖既然能如此，难道我们对槟榔就一点办法也没有吗？

量贩与质贩

人如果要有好的品质，就必须重情、讲理、不违公义；社会若想要有好的品质，这样的人就要多一些。即使因缘果报不可知，做出一点有品质的事来不也很好吗？

去年的这个时候，市场里同一个摊位的荔枝，一斤卖到十五元，现在竟卖到六十元了，而且一点儿也没有要降价的样子。

报纸上近日来喧腾的“物价波动”“昂贵”，应该是没有错的，单是荔枝就涨了三倍。

小贩说是因为今年荔枝减产。

“原因呢?”

“南部豪雨成灾。”他说。

“豪雨是这两天的事，你几天来都卖这个价。”

“哎呀！今年荔枝花开得少，跟你说你也不懂。”小贩说。

“怎么会不懂呢？我老家就是种荔枝的呀！”我极认真地说。

小贩闭上嘴，红着脸不说了。

几天前我才从南部来，妈妈告诉我，市场里的荔枝一斤才二十元，最贵的也才廿五元，说“那已是极好极好的细子荔枝了”。

这可奇怪了，荔枝明明没有减产，也没有天灾，一定是有人在哄抬，产销的环节必然有问题。

但台北的水果也不是样样都贵，像进口的油桃、加州李子，就比南部便宜得多，差价最大的是樱桃。妈妈说在南部的市场，樱桃卖到一斤一百五十元，她看了稀罕，就买几个给孙子吃，她说：“那么贵，不是买给囡仔，自己是不甘吃哦！”

我看看妈妈拿出来的樱桃，说：“像这样的樱桃，台北一斤卖六十元，上好的一斤卖九十元。”

“夭寿哦！差那么多？”

我知道樱桃的价钱是因为只要是去看长辈，我总会买几斤送去，因为在日据时代生活过的老人对樱花、樱桃都有特别的感情，但樱桃太贵了，他们总不舍得买。

一斤樱桃可以差一倍的价钱，这差价是不管怎么算运费，也不可能算出来的。台北到高雄又不是相距十万八千里，不论空运还是陆运，都是一日即到，不可能有如此大的差价，唯一合理的解释是，其中有一些看不见的黑手——这些黑手即使是合法的，也是不合理的，是不合乎公义的。就像台北信义计划区的大厦，一坪卖到五六十万，那当然是合法的，可是不合理、不合乎公义。就像国泰人寿把南京东路华航边的土地变更了用途，市政府和国泰都强调一切合法，可是不明白为什么会引起舆论、民众的反对。

是呀，即使一切都合法，也不合理、不合乎公义！

合法是基础，合情、合理、合乎公义则是一种品质。

社会上大家都做着合法的事，例如一斤荔枝从二十元涨到六十元，一斤樱桃从六十元涨到一百五十元，那全是合法的。例如房价从一坪六万涨到一坪六十万，那也是合法的。但是这些在情理和公义上都说不过去，显示了一个社会没有好的品质。

一个人守法，那是人的本分——大部分人不都是这样吗？可是人如果要有好的品质，就必须重情、讲理、不违公义；社会若想要有好的品质，这样的人就要多一些。

我们的社会，近几年流行“量贩店”，从服装、皮鞋、电器到百货，满街都在“量贩”。理论上说，“量贩”多，物品应该便宜，可是物价不跌反涨，可见“量贩”只是商人的噱头罢了。

我们更需要的不是“量贩”，而是“质贩”。质贩的意思是：有品质的经营者、有品质的产销制度，以及有品质的消费者，能够不只讲便宜，也讲良知、讲情理、讲公义，由此形成的一个商业体系。因为我们的服饰、皮鞋、电器都已经够用了，不需要“量贩”，我们更需要的是品质。

要有好品质的商业与消费，商人就要本着良知，不能尽搞利益输送、官商勾结这一套，因为人生苦短、殷鉴不远，弄得国不泰、民不安，财富焉能长久？福报岂可久享？

小自一位卖荔枝的人，中至一个卖特权的人，大到一个卖国的人，除了法律，还应该有良知。“下民易虐，上天难欺”，难道这些人都没有一点因缘果报的观念吗？

即使因缘果报不可知，做出一点有品质的事来不也很好吗？除了卖商品、卖人寿、卖荔枝，卖点品质，不也很好吗？

一元化的教育

命题要注重课本的基本理论、基础观念，而不是枝枝节节的知识，要引导学校的老师，配合做好长期的教学制度改革工作。但愿，关心百年大计的人，都能做好教育改革的心理准备。

到高雄市文化中心去演讲，听文化中心的牛主任说，前一天“教育部长”毛高文也应邀到该中心演讲，盛况空前，至善厅爆满，甚至有许多人无法进入。

来听毛部长演讲的人，有学校的校长，有十三四岁的国中生，有忧心忡忡的家长，有充满无力感的中学老师。牛主任说：“可见我们这个社会，关心教育的人还不少呀！”

毛高文部长不久前才被“挫败的国中生自愿就学方案”搞得满头包，再加上他平时公务繁忙，很少有机会公开演讲，因此这次为时两小时的演讲，可以视为毛部长教育理念的一次表白，值得关心教育的人注意。

毛高文部长在这次演讲的理念，大致可以分为几个重点：

一是教育体制应趋向多元化。僵化的教育体系，无法应对多元化的社会需求，加上升学压力造成的教学偏差，致使国中学生被分成不同等级，形成人的两极化，成为社会不安定的因素之一。因此，他不赞成学生在接受国民教育时期就被定型，而是主张顺应个人的性向，让他们自己选择方向，在人生的任何阶段念书都可以。

二是联招制度必须缩小。毛部长反对一元化的联招选才制度，因为这将形成一元化的教学，从而出现一元化的参考书、一元化的补习班、一元化的考试。整个社会都以学科成绩来衡量人的能力，这是很不公平的。联招制度必须缩小，另辟多方向的进修管道。

三是中学的编班必须正常化。目前中学不能按常态编班，中学生被分成两类：一类是“考试机器”，每天读书到深夜一两点，日子很不好过，觉得人生没有意义；另一类是“放牛班”，形同被放弃，没有人关心他们。毛部长强调，中学的编班一定要正常化，教学一定要正常，因为国民教育的目的在于培养具有健全人格的国民，而不是只照顾百分之三十的精英，却忽略百分之七十的学生。

毛高文部长提出来的教育理念，说出了人人知之的教育弊病，从部长的口里说出这些，使人多少感到安慰，因为至少主管教育的大家未与社会脱节。

问题是，大部分的民众和主掌教育的官员都知道这些毛病，但为什么每次教育要往更有弹性、更有活力的方向革新时，总会遭遇到挫败呢？我们希望教育多元化，在这个僵化的社会中，真的不能开展吗？我们的联招制度真的要继续实行，百年都不改变吗？我们的国中生真的不能按常态分班，家长、孩子、老师还要继续承受无尽的痛苦吗？

其实，答案都可以是否定的。我们可以改变联招制度，我们可按常态编班，当然也可以有更多元的教育。我不相信，经过这样的改变，我们就无法举才、无法发展了。何不一起来试试看呢？台湾有一句智慧之言："惊惊，不会得等。"意思是，一件事未做之前就怕在前头，那是不可能有好成绩的。

自毛部长上任以来，曾多次推动教育改革，可惜都是尚未付诸实施，惊惶的家长和老师就群起反对了，以致初中、高中、联招制度、大学教育依然在原地踏步。事实上，教育已经败坏到如今的样子了，就是改一改，又能坏到什么地步呢？

毛部长希望在五年后，能废除高中与大学的联考，想来成功的机会也是渺茫的。

日前，台北区公立高中联招命题人员入闱，毛部长特地到木栅考试院闱场，请求命题人员，命题要注重课本的基本理论、基础观念，而不是枝枝节节的知识，要引导学校的老师，配合做好长期的教学制度改革工作。毛部长语重心长，对教育的长远考虑是令人感佩的。

但愿，关心百年大计的人，都能做好教育改革的心理准备，并支持毛高文部长提倡的更开放、更多元的教育理念。因为依目前的教育方式，若不改革，廿年之后，台湾将没有秀异的人才在国际舞台上与人比肩。两极化严重，必然会给社会带来巨大的不安，从而制造出更多生命痛苦、价值空虚的国民！

十一点在街上行走

如果一个社会在夜里十一点以后一般人不敢出外行走，那就说明政治、经济的成功都是短暂的，很容易因社会不安而瓦解，因为人民安和的生活乃是政治清明的象征和经济繁荣的基础。

盖洛普征信公司前几天公布了一个民意调查，显示有 63.3% 的民众认为社会愈来愈乱，乱到大部分人在夜里十一点以后都不敢独自上街。

十一点以后不敢独自上街的城市，以前我们印象中大概不离纽约、芝加哥、罗马、阿姆斯特丹这些以治安奇差而闻名的城市，现在连台北也要算在内了，短短十年来台北治安的恶化，真是难以想象。

有一次，和一些报社的老记者在一起聊天，谈到我们十五年前当记者的情景，特别是谈到社会新闻。十五年前只要一发生什么重大案件，在报纸上可以追踪许多天，如果是灭门案或分尸案，有时可以连写一个月的边栏，因为在那时这种事件实在太稀有了。现在有时一天就有十几个重大刑案，能登一天已经很难了。从这里可以看出社会变迁之巨大。

一位老记者说，他二十年前跑过一条新闻，是一个青年跑到商店偷了一箱奶粉，不幸被捉到了。警方通知家长到警局，家长到了警局把儿子痛责一顿。青年当场痛哭流涕，向父亲忏悔，向商店老板道歉。老记者把这条新闻写了交出去，第二天竟是报上的头条新闻。

他说："现在不同了，偷一箱奶粉怎么可能上报呢?"

我说："上不上报倒是其次的问题，更可怕的是，现在的青年歹徒如果去商店偷东西，老板敢去逮捕吗?不幸被警察捉到了，他会向父亲忏悔吗?他还会有羞耻之念吗?现代的家长如果到警局，会责骂自己的孩子吗?说不定先骂的是警察。"

"新闻最能反映社会，从前一件小事也可以做大新闻。当时的报纸只有三张，现在的报纸有十几张，大事变小登上去都很难，可见社会治安的变化之大呀!"朋友说。

我们随便想想大概有一些原因：

一是政治暴力和街头暴力没有受到适当的制裁；

二是政治不清明，贿赂、特权、贪污的传闻，以及出尔反尔的政策，使人民对政治失望；

三是金钱游戏盛行，贫富差距拉大，财团没有回馈社会之心，百姓努力工作也没有出路，使人们对经济绝望，铤而走险；

四是因为欲望与贪渎的社会风气和在地下猖獗的声色行业；

五是教育制度在伦理道德教育上的失败，人们生活缺乏文化；

……

几位老记者七嘴八舌地谈到了一大堆原因，非常可悲的是，这些原因几乎都是难以解决的，特别是牵涉到政治、经济、文化、教育，我们就无能为力了。

不过，难以解决不是不能解决，我们最主要的认识是，如果一个社会在夜里十一点以后一般人不敢出外行走，那就说明政治、经济的成功都是短暂的，很容易因社会不安而瓦解，因为人民安和的生活乃是政治清明的象征和经济繁荣的基础。

盖洛普征信公司的民意测验还有几个与社会治安有关的问题：

“过去三年来，台湾犯罪问题如何？”

——74.9% 的人认为愈来愈严重。

“过去三年来，台湾民众的社会道德如何？”

——70.5% 的人表示愈来愈差。

日益严重的犯罪、日益低落的道德正在腐蚀台湾的根，这个调查只是一个警报，实际的严重性还要大得多。大家是不是应该少图谋一点私利，多为社会来做点什么？

我想到十几年前记者常用的一句话——

“我们这个安、和、乐、利的社会”，这句话已经有很多年没有在媒体中出现了，因为现在读起来就像笑话一样。

小难与巨蛋

不荣誉的胜利叫作『胜之不武』，荣誉的失败叫作『虽败犹荣』，要理解这一点，必须在社会上有一个共同的理念：不为求胜而运动。

去年的世界“少棒”赛，好像一点也没有受到台湾媒体的重视，原因是中华“少棒”队在远东区代表权的争夺战上就被菲律宾打败了。

胜败乃是常事，不值得大惊小怪，比较怪的是，自从我们失掉远东区的代表权之后，再也没有人关心世界赛了。其实，从后来的发展看来，今年世界“少棒”的冠军原本应该是中华队。因为，菲律宾队后来代表远东区到威廉波特和美西队争冠军，以十五比四大胜美西队，可是菲律宾队奖杯尚未抱暖，就传出其涉嫌作弊、虚报年龄的事情，最后被取消了冠军资格，美西队侥幸捡到了一个冠军。

照这种现象往前推演，中华队应是远东区冠军。若由中华队出战美西队应也是轻而易举的吧！这虽然是一个不可知的假设，但此次世界“少棒”赛的事件，却是一个教育孩子的典范故事。

以投机的方式取得的冠军，或可以蒙骗于一时，但绝对无法得逞于久远。就算无人发现菲律宾队的事情，最终他们把奖杯带回国去，他们的国人真会以此为荣吗？也不尽然——这次菲律宾队作弊，并不是美西队发现的，而是菲律宾一些有良知的体坛人士举发的。当时，菲律宾队已得世界冠军，但还有许多人不以为然，可见运动竞技最重要的不是胜负，而是荣誉。

不荣誉的胜利叫作“胜之不武”，荣誉的失败叫作“虽败犹荣”，要理解这一点，必须在社会上有一个共同的理念：不为求胜而运动。

今年的西班牙巴塞罗那奥运会，有一个令人感受深刻的事情——加拿大的短跑名将班琼森，上次奥运会因服用禁药被取消了冠军的资格，四年后他企图东山再起，结果在复赛时就被淘汰了，连参加决赛的资格都没有。他在复赛失败时，摄影镜头纷纷给他特写，他那种颓丧的神情令人难忘。班琼森不仅没有得冠军的资格，甚至连参加比赛的资格都没有!

我们的孩子如果没有在成败上有好的心理建设，将来在与人争胜竞技时可能就会做出像菲律宾队这样耻笑于世界的事。

我时常会回想起二十几年前，家家户户彻夜不眠地守在电视机前看中华“少棒”小将扬威异域的情景。那时不只有对“少棒”的热情，也有对家国深切的希望，以致每次输球的时候，电视播报员会痛哭流涕，电视机前的观众也会相拥悲泣，而胜利时则也会狂欢，好像打了胜仗似的。现在想起来是多么温暖呀!

俱往矣!

现在已经很少有人半夜起来看“少棒”赛了，甚至连我们的“少棒”是否胜利也无人在乎了。这也是非常可叹的，“少棒”经过二十几年，是我们极少数的传统运动，不论输赢都不应该被忽视。

现在，大人们常为了盖不盖巨蛋的问题吵得不可开交，好像只要巨蛋盖得好，“棒运”的前景就会好。可是如果没有把小鸡养好，巨蛋又有什么用呢?

要养小鸡，再给“少棒”一点关怀吧！至少像对待“菲律宾事件”上，媒体应该给我们的“少棒”一些鼓励，中华“少棒”还是最棒的！不一定非要冠军才是最棒，不是吗?

荒野中建大厦

只有自己的父母才会久长地疼爱自己的子女，别人的父母是不会真正疼爱别人的子女的，即使会，也不会久长的。

迷台北的乡下小孩

二十年前，我八岁，第一次上台北。那时候，我还是乡村小学一年级的学生，鼻涕还时常挂在脸上。

那时还没有电视。在我的想象里，台北是个遥远的地方，美丽绚灿得不得了，时常在我的梦里浮起来，金光闪闪的——大概就是布袋戏词里唱的“西方极乐世界”的那个样貌。

要上台北的前一个星期，我几乎每天都做同样的梦——我在荒凉的野地上踽踽独行，远方层楼叠起，华灯万盏，然后我听到自己的一声呼喊：台北到了！我便在自己的呼喊中惊醒了。

上台北的前一天晚上，我几乎不能入眠。清晨五点钟，我便和爸爸搭乘运甘蔗的台糖小火车到凤山转车去高雄，正好赶上早上九点开往台北的柴油快车。那时的柴油快车不像现在的电气火车，出发前，柴油快车先是头上浓烟一喷，在天空中开起一朵朵灰色的云彩，然后汽笛长长地一鸣，跌跌荡荡地迈步出去。那真使人感到雄壮，心情也随浓烟、汽笛、滚轮而的兴奋紧张起来。

我靠窗坐着，向外探头探脑地看着那一张张陌生而美丽的图画往后退去，忽然一只美丽的白峡蝶飞进窗来，一遍一遍地在透明的玻璃上扑飞，仿佛想飞出一片广阔的天地。我的心情也像那只白峡蝶一样，在窗口上展翼乱撞。我用手一拨，白峡蝶飞出窗外，一忽儿就张闪着薄翼远去了，我的心也跟着飞远了，早就到了台北。

台北对于一个乡下孩子而言，自然是新鲜而辉煌的。我们坐了十二个小时的车，到台北的时候已经是晚上九点多了。在台北念大学的堂哥带我到西门町去，我被那些闪闪耀耀、转来转去的霓虹灯照得惊呆了。那时，西门町的建筑虽还是两三层楼的小店铺，但已可以看出繁华的粗胚和都市的夜生活了。晚上九点多，乡下已完全入眠，台北则刚刚开始哩！

我在台北住了一星期，每天就在街市中乱闯，武昌街、衡阳路、博爱路、大稻路是那时最繁华的地方，但是大部分的房子还是两层楼，人来人往，川流不息，但还不到摩肩接踵的地步。交通工具上，已经有公共汽车，不过大部分还是三轮车和脚踏车。那时候，一出台北桥或一过南京东路，到处都仍是乡村农业的景象。

第二次上台北是五年后，我第一次看到电视，台北的街上景观改变不大。

第三次上台北，我十八岁，高中刚毕业，台北已经完全不是我小时候看到的样子了。幼年的“台北印象”，拆除的拆除，改建的改建。

形迁势移，转眼又过了十年。检视二十年前遗留的记忆，再看看台湾光复前日据时代出版的《台北大观》，回顾台北市文献会出版的《台北市要览》，或许我们可以追踪台湾光复三十五年来台北市变化和发展的踪迹。

盖下殖民的戳记

在《台湾大观》里，我们可以清楚地看见台湾光复前的情形，也能感觉到帝国主义在台湾留下的脚印。

我读《台湾大观》，感触最深的是，该书虽是用日文写成的，但是日文中夹杂着大量的汉字，所以只要懂中文的人几乎都能看懂。日本人是从中国吸收的文化，他们却用吸收来的中国文化侵略中国的领土！他们用中国文字盛夸日据时代的台湾是“光荣的台湾”、大言“殖民政策的基调”“台湾各任总督的功绩”等，甚至把台湾同胞抗日的义举称为“土匪之害”，大夸其高压政策为“恩威并行的土匪平定策”。今日的台湾人民从历史上检视这些伤痕，怎不痛心！

书中有八张台北市的照片，用来表现日本在台北的建设，其中包括侵台前的“旧布政施衙门”和占台后的“台湾总督府”的对比照，还有旧台北城壁与中山北路三线道、旧台北驿与台北车站、旧台北石坊街与台北荣町（衡阳路）等地的对比照。日本人刊登这些照片，是想夸耀“日本皇军”对台湾的“贡献”。

日本人将原来荒芜的市街改革成为整齐的两层楼房，确实有一些建设上的微劳。

但是，看这些照片时，我们不能忘记两点——

一是原来的台北固然落后，却含蕴了浓厚的中国风格，是中国人自己草创辟荒而得的；日据时代的改革与建设虽整洁了市容，却盖下了一个帝国殖民的戳记，直到今天，遗毒仍在。

二是开发的代价。日本占台五十来年，使台湾奠定了开发的基础，但也使台湾付出了不合理的血汗代价，使台湾牺牲了五十年的自由。这些血泪与自由的付出，才造出了“光荣的台湾”。我们今天路过台北车站、衡阳路等地方，仍能感受到殖民时期的那份心伤。

一九四五年十月二十五日是个历史性的日子，因为那天，台湾终于回到了祖国的怀抱，台北的建设与发展也掀开了新的一页——这一页是现代中国人自己写下的珍贵记录。

我们从台北文献会出版的《台北市要览》可以看出，在短短不到十年的时间里，台北市从第二次世界大战的废墟中重建起来，已经与一九四五年以前的台北完全不同了。台北这一阶段的进步不只是外貌上的不同，更重要的是从内部建立起了自我新象，是自己的人民为自己的都市造像。

衡阳路原名“石坊街”

我翻开《台北市要览》，检视过去的踪迹。

台北市衡阳路，被日本占领以前称为“石坊街”，日据时代，“石坊街”被拆了，改名为“荣町”，建筑盖成日式的两层楼房。那时的“荣町”是全市最繁华的地方，可是整条街几乎全是日本人开的店铺，台湾人根本不可能在这里经营生意。

台湾光复后，“荣町”改名为“衡阳路”，房子虽还是日据时代的房子，但比日据时代热闹多了。那时衡阳路上已有“绸缎呢绒”“茶庄”“害局”等商店，可见其繁荣。当时的交通工具主要还是脚踏车，不过汽车也已经在街头亮相了。

今天，漫步衡阳路，“石坊街”“荣町”都已远远地逝去了。今天的衡阳路几乎成了银楼、珠宝店、绸布庄的天下，这里还有银行、饭店、百货公司，大小汽车川流不息，和三十年前不可同日而语。三十年前，衡阳路上有一家“台湾中华国货公司”（现为世华银行，日据时代为“菊元百货店”），是当时台北市唯一一座五层楼以上的建筑。如今环顾台北市区，五层楼建筑物已经是“迷你建筑”了。从街市景观和建筑的改造上，我们也可以知道这几十年来衡阳路的进步确实不小。

再来看台北的几条重要街道。

中山北路在台湾未割让给日本以前，几乎都是荒烟蔓草，日据时代改称为“敕使街道”。后来因为“台湾神社”扩建，一九三九年，中山北路的小路扩充为两线道。一直到一九五三年，中山北路虽然整洁，但仍然相当落后。我们在图片上看到的还是步行的人与脚踏车，唯一的汽车也是一辆老式的公共汽车。

一九六零年以后，中山北路得到了发展，盖起了四层楼的洋房，店铺林立，慢慢成为台北市重要的商业区。今天我们到中山北路去，几乎无时无刻不遭受堵车之苦，三十年前最气派的道路，如今也已变得窄小不堪了，可见进步之惊人。

逛过中山北路，我们再来看看“电影街”。

日据时代末期到台湾光复初期，在台北的成都路和西宁南路上出现了一个新兴行业——电影业。由于电影院集中，这一带的街道被称为“电影街”，有“大世界”“新世界”“美都丽”“国际”“台湾”“万国”等电影院。这个时期的电影院都是两层楼，只有几百个座位，和现在的乡间戏院相似。看“电影街”三十年前的照片，花木扶疏，行人零落，瓦房居多，一片浪漫而悠闲的景象。

先人为我们踩的路

如今，成都路和西宁南路已成为台北市的辐辏地带，地皮几与黄金同价，一到夜晚，人车拥挤难行，新建的高楼大厦，使少数光复初期建成的屋舍黯然失色。

“电影街”也移到了武昌街上，现有的电影院规模已数倍于前。这条街上还有“来来”“狮子林”两家台北市规模最大的的百货公司，咖啡店、服装店鳞次栉比。由于车辆太多，晚间还改成“行人徒步区”，市容完全改变了。抚今追昔，不禁叫人大叹物换星移之快速。

三十多年的改变，三十多年的成长，已使台北逐渐形成了大都市的规模。

三十多年前，敦化南路、南京东路、光复南路，以及忠孝东路四段、仁爱路四段、信义路一带，还是人车稀少的地方，是都市的边缘地带，如今都各自形成了繁荣的都市中心，楼厦整齐，是商业与投资的必争之地，气魄之宽宏甚至超出西门闹区。这恐怕是三十多年前任何人都预料不到的吧。连台北市的郊区，像景美、木栅、永和、松山、新店、内湖等地，也一一被开发出来，各有新象，街市之繁荣不下于三十年前的市中心。

台湾光复已经三十多年了，台北在种种掣肘和压力下发展到今天真不是容易。

从人文地理学的观点来看，台北有两个大的特色：一是人口增加速度极快；二是台北是由许多聚落结合而成的大都市，与伦敦、巴黎、罗马等由单一聚落发展形成的大都市不同。

关于人口的增加，日据时代最隆盛的台北市曾经达到三十万人，可是在太平洋战争中台北大部分地区都化为了焦土。台湾刚收回时，台北人口只有十万左右；三十多年后的今天，台北人口高达两百多万，几乎占全台人口的八分之一，这种发展速度，在国际大都市中是罕见。

台北是由众多聚落结合成的大都市，也就是说，台北不是从某一个中心向外扩展的，而是几个中心同时发展的，因此台北的发展没有固定的格局可循。早年最繁荣的艋舺、大稻埕、城内等中心的没落可为明证。台北有更大的自由和背景成为更大的都市，但因此出现的都市风格的不统一也值得注意。

明朝天启二年（公元一六二二年），西班牙人窃据台湾北部时，台北地区还处于狩猎经济阶段，是原住民平埔族栖息的沼泽之地。历经明郑时代、日据时代，以及现代的建设，台北已经克服了都市所应当经历的种种阵痛，走出了今天的繁荣景象。

二十年前我第一次上台北的时候，我万万没想到台北会有今天。如今乡下的孩子上台北来，不必再坐那种一颠一摇的柴油快车了。他们可以搭飞机、坐“国光”号走高速公路、搭电气火车，只要小睡一觉就到台北了。

我算是台湾光复以后长成的第一代，因此我能很清晰地感知台湾这些年以来的变化。翻看早期的史料，像《台湾大观》《台北市要览》这类书，特别使我感触深刻。先人的脚印如此清晰，在建设的血路上为我们踩出了一条道路。每当在青灯下审视这些发黄的卷册，我就不免想起幼年时代的一件小事——

小时候，乡间还有许多老人时常在生活的挫折中怀想起日本人的“恩泽”，我总是感到大惑不解。

有一次读到有关台湾光复的历史，我便问爸爸：“台湾收归祖国怀抱，对台湾人民究竟有什么好处呢?”

爸爸和蔼地抚着我的头说：“只有自己的父母才会久长地疼爱自己的子女，别人的父母是不会真正疼爱别人的子女的，即使会，也不会久长的。”

那是个夏日的夜晚，星光闪烁，父亲的话至今还在深印在我的脑海中，成为我日后一个强烈的信念。

我不禁想，要是每一个县市都有『马上办中心』，使老百姓的困难得以解决，使下情可以向上传达，社会定会出现可贵的局面。

民俗村，马上办！

大头仔、苏仔、铁牛仔

与苏南成到台南市的各角落去，是一种相当特殊的经验。

台南市的民众，无论老幼妇孺，见到苏南成，都热情地跑过来和他握手、聊天。他们并不叫苏南成“市长”，而叫他“大头仔”“苏仔”，或者“铁牛仔”，就像呼唤他们的邻居一样亲切。只有小学生才会举手行礼，无比庄重地叫一声“市长好”。

苏南成与民众的亲密关系，一方面基于他土里土气的外表和朴实无华的作风；一方面是因为他把全部的心血都投入到了台南市的建设与未来的发展上，一切都从民众的利益出发。

这一阵子，苏南成忙得不可开交，但他还是抽空到每一个小学、中学去访问。他给小学生讲故事，教小学生唱儿歌，希望小学生能推行“微笑礼貌运动”、能养成清洁卫生的习惯、能主动遵守交通秩序。他告诉小学生：“每一个小朋友都是小市长，拜托小朋友代替大市长推行这三项市政。”他希望台南市政是从根做起的。

文化是国家的生机

去见苏南成是午后两点钟，又黑又壮的苏南成在沙发椅上假寐，他刚起来，红光满面、精神饱满——台南的记者告诉我，苏市长每天早晨七点到市政府办公，晚上十一点才离开办公室，每天工作十八个小时，期间唯一的休息时间就是中午十五分钟的午睡时间。

这一次访问的侧重点是台南民俗村的建造，谈到这个庞大的计划，苏南成显得很兴奋，他说：

“一个国家或城市的威望，除了政治、经济等因素外，多半还建立在文化建设上。香港就是一个例子，由于其近年来不遗余力地开展对艺术活动，尤其是一年一度的‘亚洲艺术节’，吸引了无数想要了解亚洲艺术的人士前往参与，以一个港口而言，这对居民的精神生活的提升的意义和影响是非常深远的。”

苏南成充满信心地说：“香港是一个没有文化基础的地方，都有办法做到这样，台湾当然可以做得更好。我们常说台湾是中华文化的根，为什么这么说呢？拿证明出来就行！证明就是要把历史和文化拿出来！”

这两点，就是苏南成不惜花费三十亿元来筹建民俗村的最根本的理由了。

苏南成带我们到乡下去看他心目中的民俗村，去找文化的根。与我们同行的，还有负责民俗村的工作人员江韶莹教授和建筑师卢明德、詹德宽、阎辰昌等几位先生。

我们便穿过台南市，往四草地区的“民俗村”出发。

“偷得浮生半日闲”，但苏市长一点儿也不闲，他不时回头跟我们讲述他心目中的未来的台南市——一个有文化、足以代表中国文化的城市。

自然的与复古的景观

车子很快穿过台南市，进入安南市区。安南充满了乡村清新的风味。苏南成很自豪地说："你们不要小看安南区，它的大小与高雄市未改制前只差六平方公尺。"

他选择安南区的四草地区建民俗村是有理由的。起初，民俗村选择建在安平古街道，因为能就地保存原来的聚落形态，但考虑到房屋修护和住民整理不易，才选择了四草地区。

"现在，民俗村计划有五十一公顷，它包括了原来的鱼塭与盐田的自然景观。盐田里有风车，海口、河口有舢板船，这些都是几千年来没有更易的景观，在这样的基础上建立民俗村，就是融合了自然的与复古的景观，更能使人产生真实的感受。"

车子开到一个小聚落，苏南成深呼吸，说："你们闻闻，这里的空气多新鲜、多香，这是台北人花钱也买不到的。这样的风景看了就叫人心中爽快，这都是我们的祖先一锄一锄开垦出来的。"

"市长来了！"

我们落脚的村落是四草村，村口有人看到苏南成就叫起来（他的样子真好认），许多村民围上来和他握手，他也一一向他们问好。

他走到海边，有几位妇人在剖蚵，新鲜透明的蚵放在篮子里。苏南成过去看："哦！你的蚵这么肥，要发财了哦！"

老妇人乐得合不拢嘴："也赚不到多少哩！"

"在台北有钱有时也买不到蚵，咱们台南吃蚵吃得这么勇健，这样就够本了。"

一个老人过来拍拍苏南成的肩问道："你那民俗村是有影还是无影？"

苏南成说："怎么无影？马上就盖了。"

围聚过来的老人异口同声地带着赞许的语气说："要卡拼啦！"

苏南成点点头，他们也都露出宽慰的笑容。

都是文化的宝贝

再往村子里面走去，村中的小庙正在演戏，一坪歌仔戏，一坪布袋戏。看到苏南成，两个戏坪都停止了演戏，演歌仔戏的说："欢迎市长苏南成莅临参观！"演布袋戏的说："欢迎苏市长驾到！"

然后鞭炮“噼噼啪啪”地响起来，戏继续上演。

苏南成回头对我们说：“这就是文化的宝贝。”他在庙祝的引导下进去烧了一炷香，祈求风调雨顺、国泰民安。然后他带我到庙后看了荷兰人的古冢，以及荷兰人留下的骨灰坛、石碑，每一样都有数百年的历史，都是文化的宝贝。

我们匆匆看过四草的庙宇，和老人闲聊了几句，然后走到建于清朝道光年间的四草古炮台边。台上已无炮，只留下十三个炮墩供人凭吊，那面巨墙就成了四草小学的天然围墙，墙上还有一株巨大的榕树。

苏南成向我们说明了他对那个小学的构想：“民俗村完成后，学生们要着明清的古装到学校去上课，学校改成古制，但是读现代课本，等学生回到家后再恢复现代的服装。”

正谈得起兴，一位年近八旬的老翁过来，比苏南成更兴高采烈地跟我们说起国姓爷郑成功的许多传说。

谈到炮台上那棵大榕树，他说：“你们看这棵榕树，听说从澎湖朝台南看，就只看见这棵大榕树，是有神的哩！”

老人说得口沫横飞，苏南成趣味盎然地听着，频频点头，不忍告诉老人那个传说是假的。

苏南成对我们说："台南的市民真是可爱！"

遥想三百年安平风云

离开四草村，我们便绕着海岸线行走，苏南成肩宽步快，我们几度和他拉远了距离。他走到四草海边，依在草棚旁晒太阳的渔民都围聚过来和他打招呼，一个渔民拍着他的肩说："你早上来就好了，我捕了一大堆乌鱼，让你带一只回去。"

后来，苏南成又带我们到几个海边村落去，他一路上对我说："回想三百年前的安平风云，我们的祖先……"显然，苏南成对于具有三百一十八年历史文化的台南市相当自信与自豪。也因于这份自信与自豪，苏南成说起民俗村来更是成竹在胸，口若悬河，有如说书的先生。

从台南市政府最近编纂的《民俗村构想草案》中，大概也可以看出苏南成说故事的口才了，他说：

"铺条小径斜指湖边，湖面开阔，使人产生郑成功率先民渡台拓荒的感怀。湖上帆影幢幢，传来义渡的舢板摇橹的声音。抬头处是古朴的牌楼，上书‘民俗村’三字，在阳光下闪耀。码头设有售票亭，搭上义渡的舢板转过塘湾，一座延绵雄伟的古炮台赫然在望。

“广场尽头又见一牌坊和一小福德祠，数条小径伸展出去，停有马车、轿舆，脚夫闲散地等候着。

“过了浓密的丛林，景色豁然一新。东边是盐田，风车转动，嘎然有声，水色粼粼，间有柳条垂挂；西边是池塘养蚵坪，渔民着清初民服优闲地工作；前面是典型的农村景色——民居村落，到处可见池塘和井，池塘里有鸭子在徜徉，毛柿的红果结实累累，一队牛车缓缓而过，车上是游客。轮子向前滚动，时光也一步步地往回倒流。

“路旁草房里，有些古老的牛车、犁、耙等农具；有一打铁铺子，风炉呼呼地响着，土窑炉里杓出镕化的铁液，几位灵巧的师傅正在忙着打造各种刀具和农具；几步之遥，有一泥池，师傅们正在做陶器——先民的生活就从这里胼手胝足地开始的。

“到了村落，街道狭窄，低矮的屋檐栉比而邻，檐下的墙脚透露着历史的气息。石板小道穿插其间，处处可见古榕盘错。巷道弯弯曲曲的，古井处处可见。几户人家的墙头挂有辟邪物、日月、镇压物等，古意盎然。举步跨入屋内，人们有的在捻绵纺纱，有的在织布，有的在用竹子做手艺品。

“到了商店街，顿时热闹起来，制香火的、雕佛像的、开绣坊的，不一而足。细细体会，从一家一户的陈设，先民朴素的生活就已在人们脑中渐渐成形，不再是不可捉摸的幻象。

“往山那边走，山明水秀，古坟依山傍水，那里的应公庙已有两二三百年的历史；往河边走，细长的竹竿挑着红纸灯笼在风中招摇；来到民俗剧场，大厝内有民间傀儡戏的演出，外面则人山人海，有唱着有名的《七响曲》的，有起劲地舞着‘车鼓阵’的，百数十年来的情感就这样传染开来。

“小河淌着水，绿荫凉棚之下好不清爽。长条石板不妨坐坐，隐约之处有弦歌传来，叫人神清气爽。旁边有几家田舍茅屋，有‘度小月’切仔面、肉粽、粿，可坐着静静地吃、静静地听，便能吃出从未有过的美味。

“起身继续走，几户散落的人家，前有土堡、栅篱，想是土匪常扰之地，难怪门户常闭。不知不觉来到花团锦簇的花园前，看到一个古朴却又新型的建筑物，是民俗文物馆，内设有历史展室，亲切的导引人员仔细而生动地介绍着台湾的开拓史和台南的许多文物掌故。听了、看了，也就能更懂了。

“又见一个饶有情趣的山门，入内探个究竟，里面另有天地，是百家宗祠。要是游客们发现自己的先先祖祖在中原奔驰时的堂号，不亦快哉！这一片大宅第，进落重迭，正是博物馆、模型屋及画廊，画廊有定时的特展，大家又仿佛回到了童年时代满怀憧憬和无忧无虑的岁月中。”

听苏南成谈“三百年安平风云”，真是一件过瘾的事。

“外国查某亲你是要收费的！”

在行车的路上，苏南成一一为我们说明——这是防风的木麻黄林，那是产生过许多神秘故事的林投抄树，这是养蚵的池子，那是……他对台南乡间的风景民情真是了如指掌。

我们在弯曲的乡道上遇到一对正从蚵田工作完回家的中年夫妇。这对夫妇骑着脚踏车慢行，看到我们，他们停下来，让我们的车过去，那个丈夫的手紧紧牵着妻子的手。苏南成看了不禁感叹说：“你看他们两个多恩爱！”

负责民俗村规划的江韶莹教授告诉我们，苏南成未婚一事已经成为全台南市市民们茶余饭后最主要的话题了，苏南成的回答倒是很干脆：“哪有时间结婚？”

后来，我们到安平古堡对岸的小渔村去，在那里，我们可以看到安平古堡高耸的灯塔，还有遍布在沙洲上的白鹭，以及一堆一堆的剥剩的蚵壳和几只在村舍中闲散地踱步的洛岛红公鸡。

和别处一样，苏南成一抵达，便有许多民众上来攀谈聊天，像见到老朋友。大概是因为苏南成这一阵子很勤快地勘察民俗村，每一位民众父老都问他：“民俗村进行得怎么样了？”

“进行着，很快就开始建了。”

“听说我们都要穿三百年前的古装，是真的还是假的？”

“当然是真的，民俗村盖好后，我们这一区的人都要恢复三百年前的样子，捕鱼、养蚵还是主业，观光是就变成副业。你每天穿古装，还是做你的事，每个月政府还要发给你薪水。”

“有那么好？”

“就是有这么好！”

“那晚上怎么办？”

“晚上民俗村关门，或者出海的时候，就恢复现代的样子了。”

苏南成和渔民们侃侃而谈民俗村，村民们听得一愣一愣的。

苏南成说：“不但可以领薪水，如果有外国查某想亲你，是要收费的！”

他的话逗得在场的父老们都哈哈大笑起来。这些民众在无形中便已经接受了这项计划的推行。

我们要离开那个小村庄的时候，一个刚挑水回来的妇女跑过来对苏南成说：“市长呀，别的庄头都有自来水，我们这里还用挑的，你要想想办法！”

苏南成马上收起嘻笑的态度，严肃地说：“回去马上办！”

“马上办”市长

苏南成这句“回去马上办”使我想起了台南市独一无二的“马上办中心”。

这个“马上办中心”成立于一九七七年十二月二十日，也就是苏南成就任市长的当天。这个中心夜间也办公，面对面地为民众解决任何困难，从白天到夜晚，由苏南成亲自坐镇。

我们去见苏南成的那天，有一个神色焦急的少妇跑来见苏南成，说："我住在善化台南客运站的路边，下午我儿子偷东西，我打了他一顿，他就坐台南的客运车跑了，客运车上写着往台南，所以来请您帮忙……"

苏南成停止批改公文，抬起头问："报案了没有？"

"报了，可是一直没有消息。"

苏南成马上拿起电话，打到警察局的勤务中心查询，但那个小孩还未找到。他便留下妇人的地址，说找到马上通知她。当得知那个出走的孩子只有七岁时，他说："才七岁的囝仔，犯错用讲的就好，用打的不是办法。"

妇人连忙称谢而去。

在苏南成的指挥下，"马上办中心"不但办理市政大事，也办理市民的鸡毛蒜皮的小事。甚至连母猪难产、母猫不会生这样的事情，市民们都来找"马上办"；还有一位市民晚上被青蛙吵得无法睡觉，也找"马上办"。

"马上办中心"所办的事真是上天入地、巨细靡遗，使得苏南成又多了一个外号——“马上办”市长。

我不禁想，要是每一个县市都有“马上办中心”，使老百姓的困难得以解决，使下情可以向上传达，社会定会出现可贵的局面。

台南三宝：文化、教育和体育

看完了整个民俗村的规划，我们搭车从安平返回市区。

苏南成靠在车座的椅背上睡着了。司机说那是他的习惯，他每天在家只睡四个小时，其余睡觉的时间都是在车上，十分钟也睡，半小时也睡，起来后就是精神百倍。我们终于知道了“铁牛仔”苏南成睡觉的秘密。

我仔细地看着窗外，想起我曾在台南接受了三年的高中教育，十年来，尤其是这两年，这里的变化真是太大了。十年前，我常为找不到台南文化的根而踯躅于街头，在大街小巷中徘徊；十年后，台南马上就要有民俗村、文化中心、美术馆了，所有的古迹都经过整理，文化活动不间断——下一代的台南人真是有福了。

像民俗村这么大规模的文化建设，是我以前想都不敢想的事。

回到台南市后，苏南成提议去逛台南有名的小吃摊“沙卡里巴”，一行人就在维持了数十年而未变异的摊位中穿梭来去。店中的人和摊位上的人看到苏南成，都跑过来和他打招呼，正在喝酒的人则向他敬酒——苏南成的酒量和豪情一样高，在台南市有“千杯不醉”之名。

一群聚在市场口的青年看到苏南成，跑过来向他问候，说：“市长，你这几天没有跑步？我们在体育场跑，都没有遇见你。”

“你们几点起来跑?”

“六点。”

“还要再早一点，我快五点时就在那里跑了，从来没有缺席。”

原来苏南成是橄榄球健将，多年来一直有慢跑的习惯。他就任市长后，也带起了慢跑的风气，年老的人和他跑，年轻的人和小孩子也跟他跑。“陪市长晨跑”逐渐变成了一种相当特殊的风景。

苏南成很自豪地表示，台南市有三样是别的县市所不及的，就是：文化、教育和体育。这三样，他永远是以身作则，跑在第一线，他说："我爱台南，爱台南市民，希望台南市有更光明的未来。"

告辞苏南成已是深夜十时了，台南市除了民族路的小吃摊和"沙卡里巴"小吃摊，其他的地方都慢慢安静下来了。夜的台南，美得叫人吃惊，也许是文化深厚，使台南显得格外深沉、稳健。

我们欣喜，因为台南有那么可资骄傲的文化遗产；我们也欣喜，因为它不像高雄已受浮浅文化的侵蚀。它可以在固有的文化基础上，造出一个既有文化特色又充满生机的城市。

台南市五十七万市民是有福的，在苏南成的领导下，它不但有充分的条件维护三百一十八年的历史文化，而且能开拓充满光明的未来。

图书在版编目（CIP）数据

形影之间观世事 : 比景泰蓝更蓝 / 林清玄著. -- 北京 : 北京联合出版公司, 2016.12
ISBN 978-7-5502-8825-6

Ⅰ. ①形… Ⅱ. ①林… Ⅲ. ①散文集－中国－当代 Ⅳ. ①I267

中国版本图书馆CIP数据核字(2016)第244254号
本书由台北九歌出版社有限公司授权出版

形影之间观世事：比景泰蓝更蓝

作　　者：林清玄
出版统筹：新华先锋
责任编辑：管　文
特约监制：林　丽
特约编辑：朱六鹏
封面设计：郑金将
版式设计：朱明月
营销统筹：章艳芬

北京联合出版公司出版
（北京市西城区德外大街83号楼9层 100088）
北京市松源印刷有限公司印刷　新华书店经销
字数114千字　620毫米×889毫米　1/16　15印张
2016年12月第1版　2016年12月第1次印刷
ISBN 978-7-5502-8825-6
定价：39.80元